SEA UN LÍDER INFLUYENTE

SEA UN LÍDER INFLUYENTE

12 pasos para tomar decisiones con visión de futuro

JOHN EDMUND HAGGAI

EDITORIAL
PORTAVOZ

La misión de *Editorial Portavoz* consiste en proporcionar productos de calidad —con integridad y excelencia—, desde una perspectiva bíblica y confiable, que animen a las personas a conocer y servir a Jesucristo.

Título del original: *The Influential Leader* © 2009 por John Edmund Haggai y publicado por Harvest House Publishers, Eugene, Oregon 97402. Traducido con permiso.

Traducción: Daniel Menezo

EDITORIAL PORTAVOZ
2450 Oak Industrial Dr. NE
Grand Rapids, Michigan 49505 USA

Visítenos en: www.portavoz.com

ISBN 978-0-8254-5784-5

1 2 3 4 5 / 25 24 23 22 21 20 19 18 17

Impreso en los Estados Unidos de América
Printed in the United States of America

En memoria del
Dr. Han Kyung Chik de Corea,
el juez Lai Kew Chai de Singapur y
Cecil B. Day, de Atlanta, Georgia, Estados Unidos.

CONTENIDO

PREFACIO

He dado la vuelta al mundo más de cien veces. Durante sesenta años, he observado a líderes en Asia, África, Latinoamérica y Oceanía. He estado con jefes de Estado, directores de empresas y banqueros internacionales. He elegido como misión estudiar a los mejores líderes y averiguar qué los hace grandes.

Lo primero que hay que decir del liderazgo es esto: a menudo se confunde con otras cosas. "Con demasiada frecuencia, los intentos de analizar el liderazgo tienden a fracasar porque el presunto analista equivoca su labor. Por lo general, no estudia el liderazgo. En lugar de eso, se centra en la popularidad, el poder, la espectacularidad o la sabiduría en la planificación a largo plazo".[1]

Esto es lo que dijo el famoso psicólogo W. C. H. Prentice, en un artículo para el *Harvard Business Review*. Prentice tenía razón. A su lista de definiciones erróneas de lo que es liderazgo, yo podría añadir muchas más: la sagacidad empresarial, la destreza administrativa y el puro trabajo intenso. Todas estas cosas son importantes, pero ninguna aborda el tema del liderazgo.

Creo que el liderazgo se compone de *decisiones*. El liderazgo influyente —y con esto quiero decir, en términos generales, el liderazgo que cambia el mundo para bien— consiste en decisiones, grandes y pequeñas, que extraen su inspiración y su dirección de un único objetivo durante toda la vida.

Por muchos años, el Instituto Haggai ha ofrecido formación avanzada sobre el liderazgo a líderes situados en escalafones muy elevados del mundo desarrollado. Los hombres y las mujeres que ya son grandes líderes acuden al Instituto para pulir y aguzar sus habilidades directivas.

Entre las decenas de miles de personas que han pasado por esta formación, se encuentran estadistas importantes, escritores, generales, presidentes universitarios, arquitectos, abogados, arzobispos, doctores famosos, magnates de los medios de comunicación y muchos otros. Y todos ellos manifiestan la propensión a tomar lo que en este libro yo denomino "decisiones visionarias".

El liderazgo también trasciende las culturas, a pesar de las amplísimas diferencias culturales que separan a los pueblos de este mundo. Sin embargo, el liderazgo influyente es constante, como la ley de la gravedad. Suelte una piedra en Beijing y caerá al suelo, igual que lo hará en Nueva York. Lo mismo sucede con el poder de tomar decisiones visionarias.

El liderazgo también trasciende todo tipo de organización. Las personas hablan del "liderazgo empresarial", del "liderazgo político" y del "liderazgo militar". Sin embargo, los fundamentos del buen liderazgo no tienen nada que ver con los factores concretos de los negocios, la política o el estamento militar. El liderazgo, dado que constituye una disciplina en sí misma, se aplica con la misma eficiencia a cualquier organización y a todo propósito.

Por este motivo, he extraído ejemplos de una amplia gama de campos. Muchas de las personas de quienes hablo son líderes empresariales. Otros lo son de naciones, movimientos, universidades, comunidades. Todos son importantes. En concreto, he estudiado a fondo el liderazgo mostrado por Jesucristo, el cual es, sin duda alguna, el máximo líder que haya vivido jamás.

Las ideas contenidas en este libro son importantes no solo para quienes dirigen grandes corporaciones, sino también para quienes tienen a su cargo empresas pequeñas. Muchas de las personas que lean este libro ejercerán su liderazgo en un grupo de su vecindario o en una iglesia local. Muchas otras, que trabajen en organizaciones más grandes, ocuparán también cargos de liderazgo en grupos fuera de su lugar de trabajo. Casi todas ostentarán algún tipo de liderazgo entre sus amigos o familiares.

Este libro pretende desmitificar la práctica del liderazgo en todas las áreas de la vida. Desea animar a los líderes potenciales a superar su miedo al riesgo. También quiere ayudarle a alcanzar su máximo potencial.

Espero que lea las siguientes páginas reflexivamente, que luego vuelva a leerlas y que tome apuntes sobre su contenido para poder interiorizar y aplicar las ideas que exponen.

Estos doce capítulos esbozan decisiones visionarias centrales, pasos decisivos que usted puede dar para avanzar hacia el liderazgo influyente. No son pasos secuenciales; usted no tiene que convertirse en un comunicador persuasivo *antes* de aprovechar los contratiempos imposibles. Pero cada paso, en cada área, le ayudará a activar el tipo de pensamiento y de acción que caracterizan a los mejores líderes del mundo.

El liderazgo es una responsabilidad impresionante y un privilegio dado por Dios. Espero y ruego a Él que, por medio de la lectura de este libro, su liderazgo no solo sea competente, sino influyente de verdad.

John Edmund Haggai
Atlanta, Georgia, Estados Unidos

AGRADECIMIENTOS

La inspiración tras este libro empezó en mis padres. En el primer capítulo, hablo del ejemplo que me dio mi padre en el liderazgo. También quiero mencionar a mi madre, cuya capacidad para comunicarse con personas de todas las edades, esferas y culturas sigue dominando mi pensamiento y, espero, mis relaciones. Ella me guió hacia las grandes lecturas y escrituras. No menospreció mis sueños ni una sola vez.

Aparte de mis padres, puedo nombrar a muchos otros cuya contribución a mi vida y su comprensión han influido en este libro; aquí solo dispongo de espacio para mencionar a unos pocos.

Tom Haggai, mi hermano, con quien he interactuado durante más de cincuenta años sobre el tema del liderazgo.

Tres misioneros, fallecidos ya, que tuvieron un profundo impacto en mis primeros tiempos, desde los cuatro a los dieciocho años de edad: Paul Metzler, Carl Tanis y Paul Fleming.

Ernest H. Watson, de Australia, sobre quien leerá cosas en este libro. Sir Cyril Black de Wimbledon, Inglaterra.

Paul M. Cell, el primero en abrirme los ojos a la importancia que tiene la enseñanza sobre la administración del dinero.

Dos profesores de oratoria que me enseñaron a comunicarme: el profesor J. Manley Phelps, de la Universidad DePaul, y T. J. Bittikofer, del Instituto Bíblico Moody.

Matthijs Van den Heuvel, de Holanda, Portugal, y actualmente

Suiza, quien, en las décadas de 1960 y 1970, ejerció un liderazgo en Portugal que Dios utilizó para bendecir permanentemente a miles de portugueses, tanto católicos como protestantes.

J. C. Massee, quien influyó en mi vida desde 1938 hasta que falleció a la edad de noventa y cuatro años.

Paul J. Meyer, progenitor del *Success Motivational Intitute* de Waco, Texas. Hay líderes en setenta y cinco países que están de acuerdo en que él creó el mejor material concebible sobre el liderazgo. Lo recomiendo sin reservas.

El Dr. Anthony D'Souza, del Instituto de Liderazgo Xavier, en Bombay, miembro de la facultad del Instituto Haggai.

Michael Youssef, buena parte de cuya tesis doctoral se centró en el padre de los estudios contemporáneos sobre el liderazgo, Max Weber, de Alemania.

El Dr. Benjamin Moraes, de Brasil.

El obispo Chandu Ray, de Pakistán y Australia.

El Dr. George Samuel, de la India.

Los hombres y las mujeres que han prestado sus servicios en las diversas juntas directivas y administraciones de los Institutos Haggai repartidos por el mundo.

Larry Stone, cuya magnífica revisión editorial y consejo llevaron a su conclusión y publicación un volumen anterior sobre el liderazgo, el cual influyó en este libro.

Norma Byrd, mi ayudante de investigación literaria, cuya experiencia en el análisis de nuestra sintaxis, gramática y estructura contribuyeron a una mayor claridad expresiva.

El Dr. Won Sul Lee, de Corea, que durante diez años me insistió en que escribiese un libro sobre el liderazgo.

David Lee, mi álter ego literario.

Por último, quiero tributar un agradecimiento especial a mi esposa Christine, por soportar con paciencia las dilatadas temporadas en las que anduve ocupado escribiendo este libro. Su influencia, tanto en el ministerio como en el hogar, ha sido amplísima.

Introducción

Sea un líder influyente

Recuerdo claramente el día que le robé el coche a mi padre.

Yo tenía trece años. Mi padre, clérigo, se había ido a pie al ensayo de coro a unos tres kilómetros de casa. Eso quería decir que el auto estaba libre.

Abrí su armario y tomé la chaqueta que había llevado mi padre aquel día, descolgué los pantalones de la percha, los sujeté por las perneras y los sacudí vigorosamente. Se oyó un *clink* cuando las llaves cayeron al suelo.

Le dije a mi hermano Ted, que rondaba los doce años, que pensaba llevarme el coche a dar una vuelta. Sabía que él no querría venir. No me entusiasmaba la compañía de Ted, pero sabía que convertirlo en conspirador era la mejor manera de conseguir que no dijera nada.

Conduje el coche de mi padre —un distintivo sedán negro, un Oldsmobile de 1932 con tapacubos amarillos— hasta la cumbre de la Power Brothers Hills, a las afueras de Brockton, Massachussets, y luego pisé a fondo el acelerador.

Iría a unos 110 km/h cuando me crucé con otro vehículo que venía en dirección contraria. En ese momento no lo sabía, pero en el otro coche iban un miembro del coro… y mi abuelo.

Cuando mi abuelo llegó al ensayo del coro, se quedó asombrado al ver que mi padre ya estaba allí: "Waddy —le dijo—, ¿cómo has llegado tan pronto? ¡Acabo de verte conduciendo como un huracán hacia Brockton!".

Eso lo estropeó todo. Al cabo de una hora más o menos, mi hermano Ted vino con la noticia: "¡Papá y todos los miembros del coro saben que eras tú el que conducía!".

Era un viernes por la noche. Me retiré apresuradamente a mi habitación. Por algún motivo, no quería levantarme el sábado por la mañana y enfrentarme a las consecuencias de mi acto. Mi padre, amante de la disciplina de la vieja escuela, nunca dudaba en administrar correctivos como respuesta a la desobediencia.

Me quedé en la cama hasta que ya no pude resistir más los retortijones del hambre. Cerca de las diez de la mañana, bajé las escaleras. Papá estaba sentado en su mecedora, leyendo.

Papá nunca me dijo una sola palabra sobre el incidente. Nunca lo sacó a colación.

—Buenos días, hijo —dijo.

Le respondí en voz baja:

—Hola, papá.

Escudriñé rápidamente su expresión para detectar alguna evidencia del castigo inminente, pero no encontré ninguna. De hecho, papá nunca me dijo una sola palabra sobre el incidente. Nunca lo sacó a colación.

Durante seis semanas, anduve por la casa como una caldera sobrecalentada, lastrado por la culpa y la incertidumbre. Al final no pude soportarlo más. Me acerqué a mi padre y balbucí:

—¡Papá, lo siento!

Alzando la vista, levantó una ceja.

—Ah, ¿sí? ¿Qué sientes?

No me lo iba a poner fácil. Tragué saliva.

—Siento haber incumplido la ley y haber violado tu confianza llevándome el coche a dar un paseo.

Se hizo el silencio.

Entonces, para mi sorpresa, papá me rodeó con su brazo y me dijo:

—Me alegro de que lo hayas admitido, hijo.

La mirada que le lancé seguramente le indicó cuál era mi preocupación más acuciante: qué castigo me impondría para quedar en paz.

Pero papá se limitó a mirarme a los ojos y a decirme:

—Creo que ya has sufrido bastante.

Nunca volví a llevarme el coche. Y al echar la vista atrás, la manera en que papá manejó este episodio —que debió ser un asunto trivial comparado con las numerosas presiones que enfrentaba— me proporcionó el primer atisbo de lo que es el genuino liderazgo.

Las decisiones visionarias

A nivel mundial, es probable que quienes ocupan posiciones de liderazgo sean cientos de millones. Pero solo una minoría se merece el título de "líderes influyentes"; es decir, líderes que usan su influencia para transformar el mundo que los rodea y dejar tras ellos un impacto duradero y positivo.

¿Qué distingue a los líderes influyentes?

Resulta fácil mencionar unos pocos nombres de personas muy respetadas —George Washington, Benjamín Franklin, Mahatma Gandhi, madre Teresa, Nelson Mandela— y llegar a la conclusión de que esas personas se distinguieron por la época en la que les tocó vivir, por su educación, por sus altos ideales o, tan solo, por ser inusualmente buenos.

Pero esto malinterpreta el concepto.

Durante los últimos ochenta años, he conocido a cientos de líderes influyentes. He observado su formación avanzada y he leído las biografías de aquellos líderes influyentes que ya no podía contactar por teléfono. Puedo decir con certeza que no todos esos hombres y mujeres puntúan muy alto en el escala de la santidad o de la inteligencia académica. Sin embargo, cada uno de ellos tiene una característica dominante: *una forma particular de tomar decisiones.*

El rastro de decisiones que un líder deja tras de sí marca la trayectoria de su influencia.

La toma de decisiones es el meollo del liderazgo. De hecho, en realidad el liderazgo se condensa en una ejecución constante de decisiones, grandes y pequeñas, día tras día. Y el rastro de decisiones que un líder deja tras de sí marca la trayectoria de su influencia.

En el caso de mi padre, el rastro empezó con su decisión de huir de la persecución en Siria y convertirse en ciudadano estadounidense. A lo largo de su larga vida, ejerció una profunda influencia mediante su predicación, su ejemplo y las historias que se contaron a líderes de todo el mundo que nunca lo conocieron. Como todos los líderes influyentes, tenía el don para "la toma de decisiones visionarias", que se manifestaba en todo lo que hacía.

Al encontrarse con un adolescente que se ha llevado el coche, la mayoría de los padres daría un sermón sobre la irresponsabilidad de correr riesgos innecesarios. Entonces, sumariamente, castigarían sin piedad al ofensor creyendo que esa reacción inmediata le haría "pensarlo dos veces antes de volver a hacer una travesura parecida".

Papá optó por otra vía. Podía haberme gritado o algo peor; después de todo, aparte de las acusaciones de haberme puesto en peligro sin necesidad, había infringido la ley. En lugar de hacerlo, dejó que me carcomiera mi culpa. Y dejó así las cosas *seis semanas*, sin permitir que ni una sola vez la situación afectara su compostura ni el orden del hogar.

Ese era un hombre que sabía claramente cuáles eran sus prioridades. Casi todo lo que hizo estuvo guiado por su compromiso espiritual. Por tanto, cuando su hijo mayor, John Edmund, puso en peligro su propia vida y la reputación de la familia del pastor, papá contuvo su impulso de castigarme. Optó por un curso de acción que me llevaría a admitir, por propia voluntad, tanto la magnitud de mi error como la necesidad de una acción correctiva.

La toma de decisiones visionarias establece una conexión directa entre el aquí y el ahora y los objetivos y las aspiraciones más profundos de un líder.

Y funcionó.

A eso lo llamo "toma de decisiones visionarias", porque establece una conexión directa entre el aquí y el ahora y los objetivos y las aspiraciones más profundos de un líder. Es aplicable a la toma de decisiones en cualquier lugar, desde el hogar hasta la sala de juntas más elitista. Trasciende la mera fijación de metas. Denota una coherencia meticulosa entre las decisiones cotidianas y su respuesta a la pregunta: "¿De qué trata en última instancia su vida?".

Lo sorprendente es que la industria multimillonaria de los medios de comunicación centrada en el concepto del liderazgo no tiene prácticamente nada que decir al respecto. En la mayoría de las conferencias exclusivas sobre liderazgo, nadie abordará este tema. La mayor parte de los libros y las revistas sobre el liderazgo, vendidas en los aeropuertos internacionales, tienen poco o nada que decir sobre esto. Sin embargo, el cambio de valores sobre la toma de decisiones producido durante el último medio siglo ha sido dramático.

El hombre que no quería

Una cita resume la filosofía del presidente Harry S. Truman: "Por grande que sea tu rancho, por muchas vacas que lleven tu marca, la asistencia a tu funeral dependerá del clima".

Cuando Truman se retiró de su cargo en 1952, su sueldo no era muy superior al de un pensionista del ejército estadounidense; ascendía a US$ 13.507,72 anuales.

Un tiempo después, llegó un informe al Congreso que decía que Truman pagaba sus propios sellos y los pegaba él mismo. Le concedieron un subsidio y, al final, una pensión adicional de US$ 25.000 anuales.

A Truman le habían ofrecido algunos cargos lucrativos en diversas empresas, pero los rechazó, diciendo: "No me quieren a mí. Quieren el cargo del presidente, y este no me pertenece. Pertenece al pueblo estadounidense, y no está en venta".

El 6 de mayo de 1971, mientras el Congreso se preparaba para concederle la Medalla de Honor el día que cumplía 87 años, rehusó aceptarla. Escribió: "No considero que haya hecho nada que justifique recibir un premio, del Congreso o de quien sea".

El hecho de que la mayoría de los lectores alzará una ceja al leer esto demuestra simplemente lo bajo que han caído nuestras expectativas. Un ex presidente que rechaza aprovechar el cargo que ostentó ¡y que rechaza un prestigioso galardón nacional! ¿Por qué hacer algo así?

Truman escribió algunas frases perdurables. Entre las más recordadas, figuran: "Si no soportas el calor, vete de la cocina" y "La responsabilidad es mía". Su consejo sobre cómo obtener éxito en la política ("Sé siempre sincero, aunque no lo sientas") demuestra el instinto de un sobreviviente y el sarcástico ingenio de un poeta.

Pero por debajo del curtido pragmático, uno encuentra a un hombre incapaz de alejarse de sus convicciones internas. En cierta ocasión, dijo que si le dieran a elegir entre la presidencia y la paz mundial, elegiría siempre la segunda. Los atributos del alto cargo nunca le impresionaron. No perdió de vista el hecho de que su vida y su carrera tenían un propósito más elevado. Rechazó la Medalla de Honor porque sabía que él era menos importante que la causa a la que servía.

Los líderes sin visión son como guías sin mapa.

Truman no hubiera descrito eso como una visión, pero eso es lo que era. Una persona que tiene una visión ve la imagen global. De hecho, *no* puede evitarlo. Y eso le permite fijar el rumbo en su dirección, incluso cuando quienes lo rodean no ven nada.

Por el contrario, los líderes sin visión son como guías sin mapa. Aunque pueden dar una imagen de personas fuertes, confiadas e independientes, en realidad no son influyentes, sino influenciados. Los títulos no cuentan para nada. Aun siendo doctores, presidentes y directivos, los impulsa el viento de la última moda. Muchos piensan a corto plazo o, como mucho, dentro de un marco de cinco años. En lugar de marcar la dirección, responden a las circunstancias. La historia los olvida rápidamente.

Por desdicha, la pérdida de una visión atractiva entre los líderes ha ido filtrándose desde la presidencia de empresas, el gobierno de Estados y los púlpitos de las iglesias. Corrompe incluso el liderazgo de las familias. La crisis, más pronunciada en Occidente, se extiende a muchos lugares por todo el mundo. Los matrimonios se divorcian en vez de intentar resolver sus problemas. Los padres se centran demasiado en sus propias vidas y carreras, olvidando a sus hijos. Es significativo que los padres hablen de "manejar" a los hijos, no de "guiarlos".

Las sociedades de nuestro mundo ruegan por un liderazgo: en los negocios, la enseñanza, la política, el hogar y la religión.

En todos los niveles, las sociedades de nuestro mundo ruegan por un liderazgo: en los negocios, la enseñanza, la política, el hogar y la religión. Las personas reconocen el liderazgo influyente cuando lo ven. Desconfían de los elitistas que hablan de justicia o de compasión, pero que nunca hacen lo que dicen. Se cansan de las soluciones rápidas que no resuelven los verdaderos problemas. No los engañan los halagos de quienes buscan el poder o desean promocionarse. Instintivamente, parecen saber que el mundo necesita un liderazgo mejor que ese.

El profeta Ezequiel resumió esta idea cuando citó a Dios, quien dijo: "Y busqué entre ellos hombre que hiciese vallado y que se pusiese en la brecha delante de mí, a favor de la tierra, para que yo no la destruyese; y no lo hallé" (Ez. 22:30).

Pero los líderes influyentes no han desaparecido. Y si usted ha conocido a uno, se acordará, porque la toma de decisiones visionarias tiende a impregnar todo lo que hace. Por lo tanto, normalmente los líderes influyentes cuentan con:

- Un grado importante de energía física y emocional.
- Un propósito apremiante que los impulsa hacia un objetivo específico.

- Un dominio magistral de los métodos para alcanzar la meta que desean.
- La capacidad de preservar la confianza, la lealtad y, frecuentemente, el afecto de aquellos a los que lideran.
- El don para conseguir seguidores que respalden una causa que redunde en los intereses de ellos.

La tiranía no es liderazgo

Aquí alguien puede objetar: "Pero ¿acaso no existen las malas influencias?". Sí, hay muchos directivos en el sector público o privado que actúan como dictadores mezquinos. Y no hace falta conocer mucho la historia para saber que una persona poseída por la ambición puede incitar la fidelidad histérica de las masas. La influencia y la visión también pueden darse en la cara oscura de la vida.

Cuando aquellos que ocupan una posición de poder descuidan sus responsabilidades morales, no logran liderar.

Pero esta es la idea. Los tiranos, grandes y pequeños, no merecen plenamente el título de *líder*. Es posible que gobiernen un departamento de doscientas personas. O puede tratarse de un partido político, o todo un país. Pero no se los puede llamar líderes sin una justificación importante, porque el poder y el liderazgo no son sinónimos. Cuando aquellos que ocupan una posición de poder descuidan sus responsabilidades morales, no logran liderar.

En 1986, tras años de reflexión, desarrollé mi propia definición del liderazgo:

> El liderazgo es la disciplina de ejercer deliberadamente una influencia especial dentro de un grupo, para guiarlo hacia objetivos de permanencia beneficiosa que cumplan las verdaderas necesidades del grupo.

He sopesado cuidadosamente cada palabra:

El liderazgo es la disciplina... Esto indica que los líderes se hacen, no nacen. De vez en cuando, es posible que una persona manifieste un rasgo propio del liderazgo. Pero eso no lo convierte en un líder, del mismo modo que hacer un hoyo de un solo golpe no lo convierte en campeón de la PGA [por sus siglas en inglés, Asociación de profesionales del golf]. Ni siquiera esos llamados "líderes naturales" tendrán éxito en su liderazgo a menos que trabajen duro para perfeccionarse. El liderazgo influyente requiere disciplina.

...de ejercer deliberadamente... El liderazgo exige un compromiso consciente, para no caer en la emoción que supone ser respetado u obedecido, y para ser fiel al llamado más profundo y espiritual del liderazgo. Solo los líderes dotados de este compromiso sobrevivirán a los momentos de crisis. Los líderes influyentes cumplen siempre su tarea, incluso cuando sufren los reveses más dolorosos. Este compromiso no surge por arte de magia. Para desarrollarlo, un líder precisa tener profundas raíces espirituales. Esto explica por qué muchos de los líderes empresariales más importantes que conozco empiezan sus reuniones de junta con una oración, y tienen una Biblia sobre la mesa de su despacho. He encontrado esta situación en Japón y Fiyi, en Alemania y en Líbano, en Brasil y en Canadá, en China, en el subcontinente indio y en el gran continente africano.

...una influencia especial... Cuando se ejerce fuerza sobre otros, estos acatan por miedo. Por el contrario, la autoridad de un líder descansa sobre una profunda confianza entre sus seguidores. Están convencidos de que, por medio de él y con él, pueden obtener resultados que los enriquecerán como personas, los harán humanitarios y los ennoblecerán, y que de otro modo no alcanzarían. Lo hacen porque el líder manifiesta amor, humildad y dominio propio.

...dentro de un grupo... El grupo puede ser una familia, una tribu, una compañía, una iglesia, un vecindario, un sindicato o una nación. Puede tratarse de una asociación informal de personas que comparten el mismo interés o pasión por el deporte o un trasfondo educativo similar. Los líderes siempre existen y funcionan dentro de un grupo de personas que comparten algún tipo de identidad y tienen un propósito común. De hecho, la unidad de propósito puede ser la que dote de existencia al grupo y defina sus metas. Los grupos de presión política reúnen a quienes piensan igual sobre un tema, ya sea la protección del medio ambiente o la necesidad de respaldar de forma económica la investigación médica. Las empresas reúnen a los empleados bajo la meta compartida de obtener un sector de mercado más amplio.

...para guiarlo hacia objetivos... La palabra *objetivos* aquí tiene dos significados. En general, se refiere a la visión del líder, a su sueño de lo que ve a su grupo ser o hacer. La visión del líder lo distingue de otros y lo convierte en lo que es, y su compromiso de actuar basándose en una visión la convierte en una misión. Sin embargo, *objetivos* también se refiere a un conjunto de pasos específicos, muy acotados y mensurables, mediante el cual puede cumplirse una visión y una misión.

...de permanencia beneficiosa... La visión de un líder debe abarcar cambios que perduren durante el tiempo y la eternidad. Obviamente, tales cambios pueden ser positivos o negativos. Por consiguiente, la *permanencia beneficiosa* indica que el genuino liderazgo busca objetivos que son tanto duraderos como positivos. A menudo los poderosos intentan alcanzar metas que los benefician a ellos, a sus familias o a quienes los apoyan económicamente; no trabajan para beneficio del grupo, sino a costa del mismo. Este liderazgo implosiona rápidamente. Esto lo he visto incluso en las familias. Por ejemplo, un padre que no cría a su hijo con la sabiduría y la disciplina necesarias generará resultados en la personalidad del niño que serán permanentes, pero nada beneficiosos.

...que cumplan las verdaderas necesidades del grupo... He escrito este libro para aquellos que desean crear un liderazgo con la dimensión de la permanencia beneficiosa. Para ello, el líder debe comprender las necesidades genuinas de otros. Los líderes deben conservar la sensibilidad, la conciencia diáfana de las personas de las cuales son responsables.

Están en sintonía con su entorno, son capaces de evaluar a fondo las situaciones y están dispuestos a actuar. "Cumplir las verdaderas necesidades del grupo" es la prueba final de la naturaleza genuina de la visión. Ese liderazgo influyente exige previsión, sabiduría y determinación. En la historia, las naciones, los movimientos y las comunidades raras veces han deseado cosas que representen sus mejores intereses.

Abraham Lincoln impulsó a los Estados Unidos hacia objetivos que cumplieron las necesidades reales del pueblo —unidad y libertad para todos los ciudadanos—, a pesar de que muchos no podían prever los beneficios que se desprenderían de sus actos.

Para los cristianos, esta definición del liderazgo tiene una implicación profunda.

Si usted es creyente cristiano en medio de una sociedad incrédula, *usted es un líder*. Déjeme que se lo diga otra vez: ser cristiano en una sociedad secular supone ser un líder. Puede que ocupe o no una posición de liderazgo en una organización cristiana o en el mundo empresarial. Pero incluso si no siente un llamado especial ni tiene un cargo de responsabilidad, la carga de llevar a otros a la salvación recae directamente sobre sus hombros.

Jesús dijo: "Vosotros sois la luz del mundo. Una ciudad asentada sobre un monte no se puede esconder" (Mt. 5:14). Ordenó explícitamente a cada creyente que la evangelización del mundo ocupase un lugar prioritario. Su mandato es aplicable a todos los creyentes en todas las épocas: "Por tanto, id, y haced discípulos a todas las naciones, bautizándolos en el nombre del Padre, y del Hijo, y del Espíritu Santo" (Mt. 28:19; ver también Mr. 16:15 y Hch. 1:8).

Los cristianos no deben considerar un pasatiempo la evangelización del mundo, sino una prioridad esencial. Hay muchas maneras de llevarla a cabo. El evangelismo no significa únicamente ser misionero o pastor. La educadora coreana Helen Kim, el inversor en banca de Wall Street Thomas F. Staley, el industrial germano-estadounidense John Bolten, el célebre jurista brasileño Benjamín Moraes… todos estos fueron líderes tanto en sus áreas profesionales como en el campo de misión.

A la hora de tomar decisiones visionarias, los creyentes cristianos disfrutan de una ventaja. Comprenden lo que significa vivir para algo mayor que ellos. Han interiorizado la verdad de que "...la vida del hombre no consiste en la abundancia de los bienes que posee" (Lc. 12:15).

Los creyentes cristianos comprenden lo que significa vivir para algo mayor que ellos.

Cómo convertirse en un "líder nato"

Voy a hablar abiertamente sobre mi propia experiencia. Muchos de los que me conocieron a los trece años, siguen maravillándose de que yo haya alcanzado el liderazgo, que actúe como líder y que se me reconozca como tal. Cuando reflexiono sobre mi vida a esa edad, me siento obligado a estar de acuerdo con ellos en que nadie manifestaba una ausencia tan completa de cualidades para el liderazgo como yo.

Nadie hubiera pensado que mi aspecto era impresionante. Era bajo y enfermizo. A los tres años, una enfermedad que los médicos no supieron identificar estuvo a punto de acabar conmigo. Hasta la preadolescencia, me pasé catorce horas diarias metido en una cama. A lo largo de mi infancia, dolencias muy graves presagiaban una muerte temprana. Padecí el cólera, la viruela (a pesar de una vacuna que, claramente, no funcionó), trastornos glandulares y toda una batería de enfermedades que requirieron mi ingreso en el hospital. Vivía a base de aceite de ricino.

En la escuela, tartamudeaba como una lámpara de arco estropeada. Si me ponía nervioso, las personas a mi alrededor necesitaban una toalla y un paraguas. Como era de esperar, mi voz incitaba a los otros niños a burlarse. Incluso mi padre, que me amaba incondicionalmente, me pidió que mientras él estudiaba bajase un poco el tono. Aún recuerdo sus palabras: "John Edmund, intento estudiar. Por favor, habla más bajo. Tu voz me perfora como un cuchillo".

Cuando miro hacia atrás, no se lo puedo recriminar: tenía que redactar sus sermones. A pesar de todo, sus reprensiones no inspiraban la confianza en mí mismo.

Por si fuera poco, mi timidez congénita me llevaba a encerrarme en mi cuarto para evitar la vergüenza de relacionarme con los invitados que venían a casa. Más de una vez, mi padre me amenazó con castigarme si no me reunía con los visitantes en el salón.

A pesar de todo, a los treinta años, ya había servido como ministro principal en algunas de las más destacadas congregaciones de los Estados Unidos. A los treinta y dos, me había dirigido a diez mil líderes reunidos en el Kiel Auditorium de Kansas City, Missouri. El discurso llegó a las portadas de los periódicos norteamericanos, desde el *New York Times* hasta el *Los Angeles Examiner*.

En 1969 fundé una organización internacional de liderazgo que ha proporcionado formación avanzada a muchas decenas de miles de personas. Entre sus alumnos, se encuentran los principales líderes mundiales: altos ejecutivos, presidentes del Tribunal Supremo, presidentes de universidades, evangelistas, obispos y arzobispos, magnates de los medios de comunicación, líderes políticos y parlamentarios.

Usted puede desarrollar las capacidades de un líder incluso si, al igual que yo, al principio parece tener muy poca madera para ello.

El niño que le robó el coche a su padre a los trece años fue recibido dieciocho veces en el Gran Salón del Pueblo chino y se reunió en privado con jefes de Estado, como el presidente egipcio Sadat, el presidente indonesio Suharto e Indira Gandhi, de la India.

Todo esto no lo digo para inflar mi ego, sino sencillamente para señalar que usted puede desarrollar las capacidades de un líder. Puede hacerlo incluso si, al igual que yo, al principio parece tener muy poca madera para el liderazgo.

En los Estados Unidos, nos referimos a ciertas personas como "líderes natos". Esta frase sugiere que hay quien adopta de forma natural un papel de liderazgo porque nace con las características necesarias para ser un líder fuerte. También sugiere que su destino como líder o seguidor está fijado incluso antes de que haya aprendido a caminar.

Sí, hay personas que tienen aptitudes que les permiten desarrollarse para ser buenos líderes. Pero aquellos que tienen dones naturales para el liderazgo suelen hacer lo mínimo para desarrollarlos. En consecuencia, es posible que no alcancen todo su potencial.

Los dones naturales, por sí solos, no hacen al líder.

El *Harvard Business Review* reunió quince artículos sobre el liderazgo bajo el título: "Vías hacia el progreso personal: los líderes no nacen, se hacen". Esos artículos explicaban que los dones naturales, por sí solos, no hacen al líder. En realidad, esos dones nunca emergerán si la persona no hace el esfuerzo de desarrollarlos y ejercerlos. El liderazgo depende de la disciplina personal y el entorno social para su expresión última y su desarrollo.[2]

Un entrenador de voz dijo en cierta ocasión a la joven Mary Martin que debía renunciar a su objetivo de ser cantante. Le dijo que su voz no era buena y que nunca se abriría camino en la música profesional. Mary Martin decidió lo contrario y, durante medio siglo, reinó como una de las cantantes más respetadas y populares de los Estados Unidos. Superó su deficiencia de aptitud mediante una disciplina impecable.

Mi hermano Ted quería ser ingeniero electrónico. Las pruebas de aptitud de su universidad lo colocaban al final de la clase en Matemáticas. Sus maestros le dijeron que se olvidase de ese campo de estudios, que eligiera otro. Él se negó. Día tras día, se esforzó en mejorar sus matemáticas. Perdió quince kilos, y su asesor temía por su salud. Pero al tercer año de carrera, Ted era tutor de Matemáticas y se licenció con matrícula de honor. Más tarde recibió el premio L. A. Hyland al mérito científico.

De joven, el orador griego Demóstenes tenía un problema de vocalización tan grande que le daba vergüenza hablar ante un grupo. Pero decidió resolver su problema. Se afeitó un lado de la cabeza, para no sentir la tentación de ver a nadie. Luego invirtió agotadoras horas en una práctica implacable para superar sus problemas de dicción. Demóstenes se convirtió en uno de los oradores más famosos de todos los tiempos.

Resumen

El mundo necesita líderes. Somos testigos de una crisis mundial de liderazgo, una crisis provocada por el rápido crecimiento de la población mundial y por el hecho de que hay demasiados que ocupan posiciones de liderazgo que lo consideran una habilidad técnica, no una disciplina profundamente enraizada en la fe y en el carácter.

Este libro le ayudará a convertirse en un líder influyente. Todo el mundo tiene el potencial de conseguirlo, porque la esencia del liderazgo influyente la constituye determinado tipo de toma de decisiones, las visionarias. Esto significa una toma de decisiones impulsada coherentemente por las mismas convicciones y las metas vitales subyacentes.

Los doce capítulos siguientes describen doce pasos que usted puede dar para alcanzar el liderazgo influyente. Cada paso le exige que tome una decisión visionaria, es decir, aquella que señalará un movimiento claro en la dirección de la influencia genuina. ¿Y el primer paso? Comprender y aprovechar la visión que lo impulsa.

El liderazgo es algo que usted hace.

La fuerza del hábito nos induce a pensar que el liderazgo es una forma de existencia. Miramos a determinada persona y decimos que es un líder o una líder. En realidad, la idea de ser líder solo tiene sentido dentro de una estructura empresarial. El director ejecutivo sigue siéndolo sólo en el recinto de la compañía; cuando va en taxi a su casa, es simplemente otro individuo en tránsito. El hecho de que se siente en la oficina del director ejecutivo, asista a reuniones y haga llamadas telefónicas no confirma por sí solo que su liderazgo sea auténtico.

El liderazgo es algo que usted *hace*. La historia juzgará el éxito o el fracaso de su carrera, los negocios o el pastorado, en función de la calidad de las decisiones que haya tomado. Pueden ser decisiones triviales y pragmáticas, o pueden ser decisiones visionarias.

Usted decide.

Paso 1

Defina su visión

Aunque el presidente Abraham Lincoln había firmado la Proclamación de Emancipación en 1863, la segregación de los negros seguía en vigencia. Exactamente cien años después, en un famoso discurso frente al Lincoln Memorial, Martin Luther King Jr. expresó su visión para los Estados Unidos. Quería "las riquezas de la libertad y la seguridad de la justicia" para todo el mundo.

> Ahora es el momento de levantar nuestra nación sacándola de las arenas movedizas de la injusticia racista, llevándola a la roca sólida de la hermandad. Ahora es el momento de hacer que la justicia sea una realidad para todos los hijos de Dios…
>
> En este día les digo, amigos míos, que a pesar de las dificultades y las frustraciones de este momento, sigo teniendo un sueño… Tengo el sueño de que algún día, en las rojas colinas de Georgia, los hijos de los antiguos esclavos y los hijos de los antiguos propietarios de esclavos podrán sentarse juntos a la mesa de la fraternidad. Tengo el sueño de que un día incluso el estado de Mississippi, un estado que rebosa el ardor de la injusticia y la opresión, será transformado en un oasis de libertad y de justicia. Tengo el sueño de que mis cuatro hijos pequeños vivirán un día en un país donde ya no serán juzgados por el color de su piel, sino por la esencia

> de su carácter. Tengo un sueño… El de aquel día en que todos los hijos de Dios, negros y blancos, judíos y gentiles, protestantes y católicos, podrán tomarse de las manos y entonar las palabras de aquel antiguo himno espiritual negro: "¡Libres al fin! ¡Libres al fin! ¡Gracias a Dios todopoderoso, somos libres al fin!".[3]

Algunos historiadores y científicos políticos consideran que este fue uno de los discursos visionarios más famosos de la historia. Nadie puede negar la fuerza de la visión que tuvo King. Ejerció una influencia deliberada y especial para impulsar al país en que vivía hacia los objetivos que satisficieron permanentemente las verdaderas necesidades de la nación.

La falta de visión entre los líderes da como resultado el letargo, la confusión, el caos, la ineficacia y, en el peor de los casos, la anarquía.

El liderazgo nace cuando surge una visión. Proverbios 29:18 dice: "Donde no hay visión, el pueblo se desenfrena, pero bienaventurado es el que guarda la ley" (BLA). El verdadero sentido de estas palabras es: "Sin visión, las personas se desprenden de todo comedimiento". La falta de visión entre los líderes da como resultado el letargo, la confusión, el caos, la ineficacia y, en el peor de los casos, la anarquía. Esto sucede tanto en una empresa como en la política. Una compañía desconectada de una visión clara es una empresa condenada al fracaso. Los líderes de los negocios deben saber adónde van y tener la capacidad de transmitir esa dirección en la toma de decisiones visionarias.

Las visiones cambian el mundo

Cuando John Sung regresó a su China natal en 1929, tras haberse doctorado en la Universidad Estatal de Ohio, su padre, que era predicador, dijo: "Muy bien, John. Ahora, gracias a tus estudios, podrás obtener un puesto importante como profesor y enseñar a tus seis hermanos".

La mayoría de los hijos chinos obedece las órdenes directas de sus padres. Forma parte de su herencia confuciana. Por lo tanto, fue inusual que John le dijera a su padre que no podía buscar un puesto como profesor porque Dios lo había llamado a evangelizar la China y el Sudeste asiático. John tuvo la visión de que el pueblo chino seguiría a Jesucristo y creía que solo disponía de quince años para poner por obra aquella misión.

Durante esos quince años siguientes, John Sung hizo el trabajo de doce hombres. Y, de hecho, murió al final de esos quince años, en 1944. La visión de John Sung lo impulsaba. Eso explica el ritmo frenético con el que la llevó a cabo. Hoy día Asia y el Pacífico sur son distintos gracias al ministerio de John Sung. Todo empezó con una visión, traducida en una misión y puesta en práctica mediante objetivos bien definidos.

Por su naturaleza, las visiones miran más allá de las circunstancias actuales:

- Mahatma Gandhi tuvo una visión de una India libre e independiente en un momento en que estaba gobernada por los británicos.
- Henry Ford tuvo la visión de que todas las familias de los Estados Unidos tuvieran su propio automóvil, en un momento en que a la mayoría de las personas le asustaba el nuevo invento.
- William Wilberforce tuvo la visión de la abolición de la esclavitud, en un momento en que los esclavos eran un producto rentable en el comercio internacional.
- Daniel K. Ludwig tuvo la visión de una región industrial autosuficiente en el corazón de la selva brasileña, en un momento en que, en cientos de kilómetros a la redonda, no había industria, electricidad ni ciudades de ningún tipo.

Todos estos líderes tenían una imagen clara de aquello en que se convertiría su grupo o qué haría este como resultado de la influencia especial que ejercerían ellos. Incluso a menudo los escritores y los artistas son líderes en este sentido. Según la naturaleza de las decisiones visionarias, pocas requieren un compromiso más grande que aquella que enclaustra al autor para escribir una novela estupenda o para concluir una gran pintura. Y para comprobar el tipo de influencia que esto ejerce, solo tiene que acercarse a su librería o galería de arte más cercana.

Ricos, pero no corruptos

Sin duda, el hombre que construyó Singapur, Lee Kuan Yew, merece ser considerado uno de los líderes asiáticos más importantes del siglo XX.

Nacido en Singapur, estudió en la Universidad de Cambridge, en Inglaterra, donde realizó la hazaña casi imposible de lograr la mejor calificación en los exámenes de derecho por encima de las mejores mentes en toda la universidad.

De vuelta a Singapur, fundó el Partido de Acción Popular en 1954 y formó parte de la Asamblea Legislativa Singapurense un año después. Se convirtió en el primer ministro del país en 1959, un cargo que conservó durante los treinta y un años siguientes. Creyendo que su país no estaba listo aún para la independencia, Lee decidió incluir Singapur en la Federación Malasia en 1963. El experimento tuvo una vida corta. Singapur era el único miembro de la federación con mayoría china, y las tensiones raciales lo obligaron a retirarse solo dos años después, "dejando que Lee gobernase un puerto superpoblado y pestilente sin industrias importantes, ejército o suministro de agua".[4]

Pero el primer ministro Lee Kuan Yew tenía una visión de lo que Singapur podría llegar a ser. Imaginó una sociedad ordenada, en la que cada individuo disfrutaría la libertad en su máxima expresión. En manos de otra persona, esa visión nunca se hubiera hecho realidad. Sin embargo, Lee convirtió su visión en un programa de desarrollo práctico y a largo plazo.

Por ejemplo, bien pronto buscó el consejo del economista holandés

Albert Winsemius, que llegó a Singapur en 1959 como líder de un equipo de la Junta de Ayuda Técnica de las Naciones Unidas. Cuenta la historia que Winsemius dijo a Lee: "Haga lo que haga, asegúrese de tener una ciudad y un país limpios. Las personas de otras partes del mundo no quieren hacer negocios con un gobierno cuyo municipio está sucio". Dado que Lee había formulado su política sobre la piedra angular de atraer a las multinacionales extranjeras, siguió el consejo del holandés.

Y funcionó.

Las inversiones y las multinacionales extranjeras impulsaron el desarrollo económico de Singapur en los años setenta y ochenta. Bajo el liderazgo sabio y previsor de Lee, Singapur alcanzó la misión polifacética de su primer ministro. Tiene un funcionariado transparente y libre de corrupción. Singapur ofrece restaurantes públicos amplios, decentes y asequibles. Y sigue ampliando su reputación como centro internacional para empresas de alta tecnología y servicios financieros, que exigen un elevado estándar de salud y educación.

Hoy día, a pesar de su diminuto tamaño, Singapur tiene un producto interior bruto per cápita (PBI) igual al de los países más desarrollados de Europa. La inflación apenas rebasa el 2%. La última vez que analicé *Singapore Airlines*, tenían unas reservas en metálico de mil seiscientos millones de dólares, disfrutaban de beneficios de un 24% sobre su patrimonio neto y eran dueños de la flota de aviones más nueva del mundo. Singapur ha superado a Róterdam como el puerto más grande y con más actividad del mundo.

Las visiones dignas son un don de Dios, incluso las relacionadas con los negocios o la política.

Y este cambio tan asombroso nació en la mente y el corazón de un chino, el cual definió su visión y dio forma a la misión necesaria para alcanzarla.

Decisiones visionarias que le ayudan a definir su visión

Creo que las visiones dignas son un don de Dios, incluso las relacionadas con los negocios o la política.

Santiago dijo: "Toda buena dádiva y todo don perfecto desciende de lo alto, del Padre de las luces, en el cual no hay mudanza, ni sombra de variación" (Stg. 1:17).

Para sentirse así, usted no tiene que creer en Dios. Muchas personas, incluso ateas, que tienen una visión, la describirán como una "inspiración" o una "iluminación". Sienten que esa visión, en cierta manera, les ha llegado desde alguna parte. También considerarán a quienes guían como una responsabilidad por la que deben dar cuentas.

Tendemos a dividir nuestras vidas en compartimentos. Creemos que Dios influye solamente en nuestras visiones, misiones y metas "espirituales", y mantenemos bajo nuestro control los temas "seculares". Sin embargo, San Agustín dijo: "Que todo cristiano entienda que doquier se encuentre la verdad, pertenece a su Señor". Dios es el Dios de *toda* verdad. Y Dios es la fuente de *todas* las visiones dignas.

En Corea, hace más de 500 años, el rey Sejong tuvo la visión de un lenguaje mejor para su pueblo. Y puso en práctica esa visión a través de un programa de objetivos que otorgó a los coreanos el primer alfabeto de todo Oriente. Creía que su visión procedía de Dios y la puso por obra con éxito.

Todos los hombres de negocios entienden la experiencia de tener una idea brillante y repentina que les viene a la cabeza como caída del cielo. A veces una visión puede arrebatarlo y llevarlo en una dirección totalmente nueva; otras veces tiene que buscarla. Así que, ¿por dónde empezar?

Bueno, pues empiece con una decisión visionaria para descubrir los detalles de lo que Dios le ha encomendado hacer.

1. Defina su visión al ver qué ha hecho Dios de usted

El especialista en motivación Paul J. Meyer empezó su camino sin un solo dólar. A los veinticinco años, ya era millonario. Levantó la agencia de seguros más grande del mundo. Parecía que no le quedaba nada por demostrar. Pero entonces un amigo íntimo lo retó: "Paul, tú eres más feliz cuando ayudas a otros a alcanzar su verdadero potencial".

Paul J. Meyer captó la visión de motivar a otros y decidió abandonar el negocio de los seguros. En cierto sentido, fue una decisión arriesgada. Como todas las nuevas empresas, su proyecto podría haber fracasado. Además, al principio daba la impresión de que no podría ganar tanto dinero con ese negocio como el que había obtenido con los seguros. Sin embargo, la visión lo dominaba. Sabía lo que debía hacer.

Hoy día, el *Success Motivational Intitute* (SMI) de Paul Meyer ha ayudado a miles de personas. Los líderes de más de setenta y cinco países señalan el programa del SMI como el instrumento que les abrió un nuevo mundo de posibilidades. El programa SMI ha transformado a personas que cobraban un subsidio estatal en directivos y profesores universitarios.

Muy probablemente, los inicios de una visión están en su interior mucho antes de que usted sea consciente.

Muy a menudo, aquellos que se sienten llamados a una visión descubren, en ese mismo llamado, la fuerza para seguir adelante cuando las cosas se ponen mal. Si usted no cree en Dios, tal vez esté convencido de que su visión es lo correcto. Hace falta fe para apreciar la visión y ponerla en práctica.

Muy probablemente, los inicios de una visión están en su interior mucho antes de que usted sea consciente. La mayoría de las personas está tan ocupada que sus visiones nunca pasan de ser un difuso "a lo mejor..." o "quizá algún día estaría bien que...".

2. Defina su visión en función de la necesidad inmediata

Hace poco hice una visita a unas instalaciones sudafricanas organizadas por un alumno del Instituto Haggai, el Dr. Gustav du Toit.

Desde cualquier punto de vista, Gustav es un líder de talla mundial. Lo que me mostró fue como una visita al infierno. Muchos de aquellos a los que cuida su organización son enfermos de sida, sin esperanza de cura. Las víctimas indefensas incluyen a niños pequeños, que fueron violados debido a la idea equivocada de que ese acto curará a un adulto del sida. El propio Gustav ha padecido agresiones, y su hermana recibió una herida de bala en la cabeza.

Sin embargo, Gustav se aferra con resolución a las tareas que Dios le ha dado: dirigir un hospital para enfermos terminales, una escuela y una iglesia, y proporcionar 48.000 comidas calientes al mes para esos pequeños de los que han abusado.

Me contó que el hospital había cuidado a 344 pacientes en dos años, y que todos habían aceptado a Cristo antes de morir. Él es una de las personas ricas, eruditas y con influencia política en Sudáfrica, que han invertido tiempo, esfuerzo, oración y dinero en los pobres de la nación, los desfavorecidos y desesperados.

Gustav du Toit le diría que no podía escapar de su visión. La tremenda escala de la necesidad en la sociedad sudafricana, con sus extremos de riqueza y de pobreza, le llegó hasta el alma y exigió una respuesta.

3. Defina su visión mediante la soledad

Usted no se puede centrar en una visión cuando interfieren las distracciones, de la misma manera que no podrá ver las estrellas por la noche si se sitúa en Times Square, en Nueva York; Ginza, en Tokio; o Piccadilly Circus, en Londres. Necesita estar solo.

A Cecil B. Day Sr., creador y fundador de los moteles *Days Inn*, le gustaba buscar la soledad en su cabaña de la playa Tybee Beach, cerca de Savannah, Georgia. Cuando la marea entrante en la sede de las *Day Companies* se convertía en un oleaje estruendoso, Cecil se iba a Tybee. Caminaba por la playa, dejando que las suaves olas limpiaran su mente de la tensión que empañaba los pensamientos claros. Le encantaba el ajetreo de las oficinas centrales de Atlanta, pero en aquel entorno no podía pensar creativamente. Tras pasear por las playas desiertas, volvía a la ciudad cargado de energía y con una mayor creatividad.

Escribí tan rápido como pude; mis pensamientos se adelantaban a mis palabras.

Day me contó que su visión de la cadena de moteles le llegó estando solo. A las dos de la madrugada de una mañana de 1970, se despertó, tomó un bloc de notas y empezó a escribir. Durante catorce horas, anotó los pensamientos que le bullían en la cabeza. Cuando acabó, ya tenía la idea central para el motel *Days Inn*. "Las ideas escapaban a mi capacidad", comentó Cecil más adelante. Estaba claro que pensaba que Dios le había dado aquella visión. Y fue una idea de gran calidad.

Yo tuve una experiencia parecida en 1964. Hice una visita a Beirut, que me permitió ver algunas de las tensiones generadas por el neonacionalismo. Me di cuenta de que los occidentales que quisieran contribuir al crecimiento del mundo en vías de desarrollo tendrían que adoptar un nuevo enfoque.

Poco después de esa visita, en la isla de Bali, Indonesia, un fuego empezó a quemarme por dentro. Les dije a mis tres compañeros de viaje que me quedaría "fuera de circulación" durante un tiempo. Me entendieron y cooperaron. No salí del cuarto. En absoluta soledad, tomó forma en mi mente la idea que se convertiría en el Instituto Haggai. Escribí tan rápido como pude; mis pensamientos se adelantaban a mis palabras. El credo informal que garabateé sigue siendo el fundamento sobre el que opera el Instituto Haggai.

En los siguientes doce meses, Jerry Beavan y mi hermano Tom Haggai hicieron contribuciones sagaces y específicas a la puesta en acción de aquella visión. Pero su núcleo central, la idea esencial, me llegó cuando estaba completamente solo. Sin esa soledad, nunca habría reunido las ideas que luego hicieron que funcionase el Instituto Haggai. Si hubiera pasado esas vacaciones haciendo vida social, es probable que el Instituto Haggai no hubiera existido.

Las visiones exigen un equilibrio entre acción y reflexión, una combinación de las cualidades de oriente y occidente.

Por tanto, las visiones exigen un equilibrio entre acción y reflexión, una combinación de las cualidades de oriente y occidente. Hace muchos años, un antropólogo me dijo: "La mente occidental dice: 'No te quedes ahí parado, haz algo'. Por tanto, los occidentales se orientan a la acción. La mente oriental dice: 'No hagas nada, limítate a quedarte ahí parado'. Por tanto, la mentalidad oriental está más sintonizada con la contemplación que con la acción".

En una economía mundial, estas cualidades empiezan a combinarse. Oriente se inclina más a la acción, y Occidente empieza a ver el valor de la contemplación. Usted debe prepararse para la acción efectiva mediante un pensamiento claro. Y la mejor forma de pensar es estando solo.

Si usted no se puede permitir el lujo de unas vacaciones para distanciarse de otros, encuentre maneras de crear su propia soledad. Encuentre un momento al principio del día que pueda dedicar a pensar sin que lo molesten. O cultive su soledad interior incluso en medio de una multitud ruidosa.

Muchas veces los sucesos imprevistos fuerzan a un líder a tomar una decisión inmediata sin la ventaja de tener tiempo para reflexionar y deliberar. En esos momentos, tener la disciplina de pasar un tiempo regularmente a solas puede arrojar grandes beneficios. Garantiza la toma de decisiones visionarias. Le permite marcar un rumbo y determinar un plan de acción sin atormentarse por cada decisión individual.

Hace muchos años, en Panamá, una mujer me preguntó:

—Supongamos que a las tres de esta tarde se enfrenta a una decisión ineludible que afecta a miles de vidas inocentes y supondrá un gasto de millones de dólares, un dinero que es de otros. Supongamos además que solo dispone de dos minutos para decidirse. ¿Qué haría?

—Me fiaría de mi mejor criterio —contesté.

Anotar las cosas en un bloc de notas es mucho más que una ayuda para mi memoria. Me ayuda a concretar los detalles de la visión.

Pareció sorprendida. Había esperado que le dijese que intentaría prepararme mentalmente u orar.

—Querida señora —le dije—, me ha dado dos minutos. Necesitaré cada segundo de ese tiempo para entender lo mejor posible los datos relevantes. Usaré mi mejor criterio y confiaré en que sea acertado. Verá, esta mañana tuve un momento de quietud con el Señor. Le entregué mi día. Y Él, que conoce el final ya desde el principio, y para quien no hay pasado, presente o futuro, ya me ha preparado. Por consiguiente, tengo una confianza plena en que, en esas circunstancias, mi mejor criterio reflejaría su voluntad.

4. Defina su visión mediante la disciplina de escribir

Para mí, anotar las cosas en un bloc de notas es mucho más que una ayuda para mi memoria. Me ayuda a concretar los detalles de la visión.

Peter y Mary Loring usaban el mismo método cuando planificaban establecer un pequeño comercio al por menor en Vermont, Estados Unidos. Su agente de bolsa, Jim Howard, había descubierto los beneficios que tiene escribir e insistía en que sus clientes empleasen la misma técnica. El mero acto de anotar cosas —dijo a los Loring— les aportaría las pautas para construir su negocio.

Los Loring pronto comprobaron la sabiduría de ese consejo.

"Una vez que algo pasa de tu cerebro a tu mano, y de esta al papel —dice Peter Loring—, tiendes a recordarla mejor. Eso nos ayudó a organizarnos. ¿Sabe? Son muchos los que tienen el capricho de abrir una tienda pequeña, pero hace falta mucho más para conseguirlo".[5]

Escribir les impuso una disciplina. Les obligó a convertir conceptos difusos en otros concretos. Les mostró dónde necesitaban más información —por ejemplo, sobre sus mercados— y les proporcionó material para un plan empresarial expresado convincentemente, un plan que impresionó a su banquero.

Jim Howard insistía en que todos sus clientes pasaran por el mismo proceso meticuloso.

> Les entregó cuestionarios que les obligaron a responder por escrito a montones de imponderables. ¿Por qué querían iniciar un pequeño negocio? ¿Qué esperaban aportar a la experiencia? Anotar todas las respuestas les indujo a pensar y a ser veraces consigo mismos, de modo que sus planes dispusieran de una base sólida. ¿El resultado? La compañía de Howard firmó contratos con compradores potenciales de tiendas pequeñas que no fallarían. En 1981, Howard firmaba un acuerdo por semana y funcionaba con un índice de éxito de cerca del cien por cien.[6]

Según Howard, escribir "es la forma más intensa de autoexamen que se conoce. La mayoría de las personas intenta obtener el mismo resultado mediante la tormenta de ideas, pero hablar es engañoso por naturaleza, sobre todo con la pose que adoptan las personas cuando forman parte de un grupo. Escribir es mucho más que un filtro automático. Los símbolos dimensionales únicos involucrados filtran los conceptos intrascendentes. Dicho de otra manera, te obligan a ser veraz".

La idea sencilla de poner por escrito las ideas es esencial para el éxito en los negocios.

Al plasmar por escrito mi visión para el Instituto Haggai, confirmé el punto de vista de Howard. El resultado final de aquel diálogo en mi bloc de notas dio forma a un documento conciso y riguroso. Es cierto que más tarde hice algunos cambios; también obtuve puntos de vista nuevos de amigos de confianza y de críticos, pero el meollo de la idea lo forjé cuando escribí a solas.

Howard entiende que la idea sencilla de poner por escrito las ideas es esencial para el éxito en los negocios.

"Si examinas algunos de los grandes fracasos de los negocios estadounidenses durante las últimas tres décadas, el denominador común de todos ellos (la manía del diseño de automóviles en los años cincuenta, que produjo tantos vehículos inútiles; o la decadencia más lenta de la calidad en los productos manufacturados) es el resultado de una falta de introspección rigurosa. Cuando uno escribe las cosas, ve realmente lo que es importante y lo que no. Y cuando sabes lo que es importante, tienes un poder real".

El uso exitoso de la escritura, según Howard, se reduce a ocho puntos principales:

- La escritura provechosa requiere una soledad completa y una práctica regular.
- Esté preparado para leer cien páginas de tonterías, hasta hallar algo válido en todo lo que ha escrito.
- Tiene que erradicar el orgullo de propiedad por lo que ha escrito o nunca será lo bastante objetivo al respecto.
- Tómese con humor lo que haya escrito.
- Enfoque la tarea teniendo un objetivo comprensible, pero que eso no coarte la espontaneidad durante el proceso.
- Su objetivo al escribir sus pensamientos y sentimientos debe ser lo bastante importante como para justificar el dolor y la sinceridad requeridos.
- Preste atención al formato y a las palabras que use; son pistas para lo que hace realmente.
- Siga escribiendo hasta que tenga clara su visión.

5. Defina su visión mediante preguntas difíciles

A veces ayuda tener a alguien que impulse nuestra reflexión.

Peter Daniels, de Adelaida, Australia, ayuda de esta manera a otros a poner en práctica su potencial. Ha demostrado, mediante su propia experiencia, cuánto potencial oculto tiene un individuo. A sus veintiséis años, no sabía leer ni escribir. Era malhablado, estaba sin dinero y era belicoso. Había peregrinado de un hogar roto a otro. Hasta que, de repente, tuvo una experiencia espiritual que le hizo cambiar de vida.

Peter Daniels se hizo rico, aprendió a leer y escribir, se volvió influyente y se convirtió en uno de los más destacados oradores y miembros de juntas internacionales de Australia. Y ha analizado los problemas de los que, como él, anhelan encontrar sentido a sus vidas. Recomienda formularse cuatro preguntas claves:[7]

- ¿A qué edad tiene planificado alcanzar su máximo potencial?
- ¿Cuál es su potencial pleno en cada área de su vida? Anótelo, en 50 páginas o más. (Daniels exige un mínimo de 50 páginas. De otro modo, el individuo podría anotar unas pocas palabras que, según él, serían "frívolas". Obligar a las personas a escribir, como poco, 50 páginas mide la sinceridad de su interés).
- Si su potencial pleno es del 100%, ¿qué porcentaje considera que tiene ahora mismo?
- Dada la diferencia entre su evaluación actual y el 100%, ¿qué plan ha elaborado para salvar ese abismo y cuándo lo cumplirá?

Responder a estas preguntas puede ocupar buena parte de un día. Pero cuando una persona responde plena y honestamente, surge una imagen clara de sus circunstancias. Las cuatro preguntas de Peter Daniels están pensadas para desarrollar lo que yo llamo *insatisfacción inspiradora*. Manifiestan claramente qué podría conseguir usted si viviera al nivel de su máximo potencial y le muestran qué es ahora. Sin la insatisfacción inspiradora, una persona aceptará las cosas como están. No verá la necesidad de cambiar ni se sentirá motivada para hacer realidad una visión.

La insatisfacción inspiradora puede ayudarle a tener un buen estado de ánimo. Lo impulsa hacia delante, lo dota de determinación. No engendra una inquietud huraña, desasosegante, cínica, que lo inclina a apartarse de todo y esconderse. Tampoco es un resentimiento agresivo que culpa a otros de sus problemas y no hace nada por mejorar su suerte. La insatisfacción inspiradora incita a la persona a lograr cosas mejores.

6. Defina su visión mediante el mandato divino

Si Dios lo toma lo bastante en serio como para confiarle una visión, entonces usted debe tomarse en serio.

No puede aislar el liderazgo de la visión. Poner por obra una visión supone utilizar su potencial para seguir esa visión y ver cómo da fruto. Si un líder tiene una visión, pero no toma en serio su potencial, la visión pronto morirá. Seguirá siendo un sueño.

Como Isaías, puede que usted quiera decir: "¡Ay de mí! que soy muerto; porque siendo hombre inmundo de labios, y habitando en medio de pueblo que tiene labios inmundos, han visto mis ojos al Rey, Jehová de los ejércitos" (Is. 6:5). Puede que se sienta como Moisés ante la zarza ardiente, incapaz de cumplir la misión.

Dios nunca nos asigna una tarea y luego priva a su agente de los instrumentos necesarios para llevarla a cabo.

Pero Dios obrará por medio de usted, a pesar de todas sus incapacidades, si tiene fe en su poder. Dios nunca nos asigna una tarea y luego priva a su agente de los instrumentos necesarios para llevarla a cabo.

Las visiones no exigen experiencia ni requieren títulos académicos. La palabra clave es *potencial*. Es posible que su visión lo lleve a un área en la que nunca había estado. Tendrá que aprender nuevas habilidades. Por lo tanto, lo importante no es lo que ya sabe, sino cuánta confianza tiene en sí mismo, fundamentada en su fe en Dios. Eso le ayudará a hacer de la visión una realidad.

En una visión que Dios le dio, el apóstol Pedro aprendió que el evangelio era tanto para gentiles como para judíos. Bajo el liderazgo del Espíritu Santo, luego tuvo que transmitir esa visión a sus compañeros.

Dwight L. Moody tuvo la visión de levantar un instituto bíblico que formase a las personas para ser evangelistas eficaces. Era una idea nueva. Dios concedió a Moody, el empresario convertido en evangelista, aquella visión. Luego Moody tuvo que encender la llama, de modo que otros captasen la visión y se comprometieran con la misión.

Dios dio al Dr. Han Kyung Chik la visión de una iglesia en Seúl, Corea, al final de la Segunda Guerra Mundial. Al principio solo compartieron su visión otras 27 personas, todos refugiados. Años después, la iglesia contaba con 60.000 miembros, y no la edificaba una sola persona, sino muchos seguidores que captaron la visión del Dr. Han.

Una visión genera dirección, orden, devoción. Supera la falta de rumbo, el caos, la anarquía. Pero un líder también debe sentir una insatisfacción inspiradora, la determinación para cambiar las cosas y la certidumbre de que puede funcionar como agente del cambio, aunque aún no disponga de recursos o habilidades necesarios.

Cuando llega el momento del "compromiso"

Cuando haya invertido el tiempo suficiente para captar una visión, ya se sentirá muy comprometido con ella. La visión es como un niño recién nacido. El mero hecho de tenerla le proporciona una gran satisfacción. Pero también conlleva una gran responsabilidad. Este es el momento de comprometerse al cien por cien.

La visión es como un niño recién nacido. El mero hecho de tenerla le proporciona una gran satisfacción. Pero también conlleva una gran responsabilidad.

En 1929, Will H. Houghton, pastor del Tabernáculo Bautista de Atlanta, Georgia, de 4.000 miembros, visitaba Europa con su esposa y su suegra. A mitad del itinerario previsto, Houghton sintió el impulso de regresar a América de inmediato.

No sabía por qué, pero sí que Dios lo incitaba a volver. Dejó que su esposa y su suegra acabasen el viaje, mientras él subía a un barco hacia Nueva York. Llegó un miércoles, a tiempo de asistir al culto de oración de mitad de la semana en la Iglesia Bautista del Calvario, justo enfrente del Carnegie Hall. El pastor, John Roach Straton, acababa de enfermar gravemente, y pidieron a Houghton si podría sustituirlo durante un tiempo. Regresó a la Iglesia Bautista del Calvario en enero de 1930, predicando en la ciudad a la que a menudo llamaban "el cementerio de los predicadores". Straton falleció en octubre de 1930, y Houghton aceptó la invitación para ser pastor. Fue uno de los pocos que prosperó como pastor en la ciudad de Nueva York.

Desde el púlpito de la Iglesia Bautista del Calvario, muy visible, Houghton llamó la atención de James M. Gray, presidente de ochenta y cuatro años del Instituto Bíblico Moody. Gray se convenció de que Houghton lo sucedería como presidente y transmitió su convencimiento a la junta administrativa. Houghton fue presidente del Instituto Bíblico Moody hasta 1946. Si Houghton hubiese ignorado la visión, seguramente nunca habría alcanzado su potencial como líder. Sin embargo, gracias a su sensibilidad, fue puesto en un lugar de liderazgo desde donde tuvo un impacto transformador sobre las vidas de millones de personas, para la gloria de Dios.

Si Dios ha puesto una visión en su corazón, acepte la presencia de ese deseo como su promesa de que puede realizarse y entréguese a la tarea.

La visión engendra acción. Dios dio a Noé la visión de un arca, y él la construyó. Dios dio a Nehemías la visión de una muralla, y él la reparó. Dios dio a Pablo una visión de evangelizar todo el mundo, y él extendió el mensaje de Cristo por toda la tierra. Dios dio a David

Livingston una visión de África, y él abrió el camino para que miles de misioneros predicasen el evangelio.

Si Dios ha puesto una visión en su corazón, acepte la presencia de ese deseo como su promesa de que puede realizarse y entréguese a la tarea. Si no actúa basado en su visión, puede estancarse como persona, atribular su espíritu y adoptar una actitud crítica. La visión dada por Dios es una responsabilidad extraordinaria. Su cumplimiento puede llevarlo muy alto en el estupendo servicio a Dios y al mundo. Su incumplimiento privará a otros del liderazgo que necesitan.

Ninguna visión es gratis

Por supuesto que el momento del "compromiso" tiene otra cara: debe estar dispuesto a pagar el precio. Seré franco: perseguir su visión puede costarle caro. Si no, eche un vistazo a las páginas de la historia.

En 1774 y 1775, las colonias norteamericanas se preparaban para independizarse de Inglaterra. La confusión, el desacuerdo y el rencor amenazaban con socavar la Convención Continental. Sin embargo, muchos de los participantes tenían una visión clara y la atribuían a Dios.

Benjamín Franklin dijo a la Convención: "Creo que la Providencia guía los asuntos de los hombres, y que nunca cae un gorrión al suelo sin que Dios asista a su entierro, y que todos los cabellos de nuestra cabeza están contados. No creo que un imperio o una república puedan iniciarse sin su ayuda, y propongo, señor presidente, que esta convención empiece con una oración, y que solicitemos la guía divina y su ayuda para el paso que vamos a dar".

Las visiones tienen consecuencias.
Para seguir y alcanzar una visión es posible que tenga que sufrir por ella.

Las visiones tienen consecuencias. Para seguir y alcanzar una visión es posible que tenga que sufrir por ella. Los firmantes de la Declaración de Independencia lo sabían muy bien. Eran súbditos del rey de

Inglaterra. Por consiguiente, el hecho de firmar la Declaración los convertía de inmediato en traidores. Casi todos ellos tuvieron que pagar por su valor.

Francis Lewis, delegado por Nueva York, vio cómo saqueaban su casa y su hacienda, situada en lo que hoy es Harlem, que fue destruida por completo por soldados británicos. William Floyd, otro delegado por Nueva York, pudo escapar con su esposa e hijos, a través de Long Island, para llegar a Connecticut, donde vivieron como refugiados sin percibir sueldo alguno durante siete años. El Dr. John Witherspoon, presidente del colegio universitario de Nueva Jersey, más tarde llamado Princeton, vio arder la mejor biblioteca universitaria del país. El juez Richard Stockton fue arrancado de su cama por la noche y apaleado brutalmente por los soldados que lo detuvieron. Arrojado a una cárcel común, lo mataron de hambre deliberadamente.

Puede que piense que me estoy pasando un poco al subrayar el precio del liderazgo. La mayoría de las visiones no pondrá a un equipo de asesinos a pisarle los talones. Pero no acepte una visión sin pensar. En el futuro, encontrará grandes retos. Si no tiene un compromiso sincero y realista con una visión, nunca la verá cumplida, y jamás practicará el verdadero liderazgo. Puede que ocupe una posición de liderazgo, pero no será un líder influyente.

No confunda el liderazgo con la administración. Aunque un director puede mantener en marcha una operación, solo un líder influyente puede motivar a las personas para que instauren aquellos cambios que satisfagan sus verdaderas necesidades. No estoy menospreciando a los administradores, porque el mundo necesita administradores competentes. Sin embargo, la administración no es sinónimo de liderazgo.

No confunda el liderazgo con la administración.

¿Todos los líderes influyentes figuran al mando de empresas grandes? Por supuesto que no. Las visiones "más pequeñas" no son menos importantes. Es posible que un padre o una madre tengan una visión para la educación de sus hijos, que tendrá una profunda influencia, porque los padres pueden jugar un papel muy poderoso en la formación de las actitudes y las personalidades de sus hijos. Un padre sabio impulsa a la familia hacia el cumplimiento de una visión, así como el cumplimiento de sus verdaderas necesidades.

Y después de la visión, ¿qué?

Seguramente, los Juegos Olímpicos de 2008 señalaron el momento en el que el resto del mundo se dio cuenta del surgimiento de China como potencia mundial.

Soy un estudioso veterano de China. Durante los veinte últimos años, he visitado el país al menos dos veces al año, y me he quedado boquiabierto frente a los pasos agigantados que ha dado este antiguo país. Basta con cruzar el puente que une Shanghai con Pudong para ver con cuánta habilidad se han equilibrado el crecimiento económico y las infraestructuras.

Estos cambios no se debieron al azar. Se remontan a 1979 y se originaron en la visión del trascendental líder de China, Deng Xiaoping. Aquella visión pudo haberse quedado en un sueño. De hecho, y a pesar de ello, el líder chino lo tradujo en una misión pragmática que incluyó un aumento de la productividad agrícola, la construcción de grandes ciudades y el establecimiento de una economía de mercado viable.

Las visiones se expresan en decisiones visionarias. Y la siguiente decisión que usted tome debe alcanzar un plan de introducción global, un conjunto de objetivos definitivos y prácticos que encarnen esa visión. Dicho en términos coloquiales: una misión.

Nehemías tuvo la visión del muro reconstruido alrededor de Jerusalén. En aquella época, Nehemías trabajaba a mil quinientos kilómetros de su tierra natal. La ciudad santa de Jerusalén había sido tomada unas décadas antes, y buena parte de ella, destruida. El propio Nehemías era siervo y copero del rey Artajerjes de Persia. Sin embargo, partiendo de unos inicios tan poco prometedores, Nehemías forjó la misión de reconstruir los muros de Jerusalén para gloria de Dios. Lea el libro de

Nehemías para conocer uno de los registros más antiguos de la toma de decisiones visionarias.

Saltemos dos milenios y medio al futuro, al programa espacial de los Estados Unidos de los años sesenta. Al principio de esa década, el presidente John Kennedy retó a los estadounidenses con el sueño de colocar a un compatriota en la luna en un plazo de diez años. Aquello fue una visión. Casi de inmediato, el gobierno lanzó un programa destinado a cumplir esa visión: la misión Apolo.

A los diez años de edad, Dios me bendijo al darme la visión de mi vida: la evangelización del mundo.

En ambos casos, solo mediante el establecimiento de una serie de pasos específicos, mensurables e intermedios, se podía cumplir la visión y alcanzar la misión.

Partiendo de la misión, usted determina los objetivos necesarios para realizarla. Este ejercicio, que exige una disciplina implacable, pone en marcha la toma de decisiones visionarias.

A los diez años de edad, Dios me bendijo al darme la visión de mi vida: la evangelización del mundo. Visualicé a personas esclavizadas por el pecado, la oscuridad y el miedo, ya liberadas. Las vi disfrutando de una vida de fe y de plenitud bajo el señorío de Jesucristo. Me entregué a la puesta en práctica de aquella visión. Esta adoptó una forma específica: la idea de ofrecer formación para líderes destinada al evangelismo eficaz —mi misión.

Una misión sin metas que la respalden, madura en una pura fantasía que acaba en frustración. Por tanto, procedí a anotar objetivos concretos. Estos se concentraban en muchos grupos. Por ejemplo:

- Encontrar y conservar edificios en Singapur y Maui para alojar el Instituto Haggai (metas materiales).
- Leer tres libros a la semana para mantenerme al día (metas mentales).

- Entablar amistad con personas que pudieran compartir mi visión y mi misión (metas sociales).
- Conseguir fondos para respaldar la obra del Instituto (metas económicas).

El líder influyente detalla meticulosamente los pasos prácticos para cada objetivo.

Las metas no consiguen nada a menos que desarrolle pasos prácticos. Como dice Eric Haas, "un objetivo sin un plan es un deseo sin una esperanza". Debe dividir esas fases de actividad en pasos que tengan en cuenta el tiempo y funcionen según prioridades.

Cada uno de los objetivos anteriores encontró apoyo en planes detallados que involucraban lugares, tiempo, relaciones, individuos y fundaciones con quienes contactar, y el respaldo de la oración, tanto individual como colectiva.

Los líderes influyentes adoptan y abrigan una visión. Piensan en ella de día y sueñan con ella de noche.

Mi visión ha dominado mi vida. Eso es lo que deben hacer las visiones. Los líderes influyentes adoptan y abrigan una visión. La ponen por obra a través de la toma decisiones visionarias. Piensan en ella de día y sueñan con ella de noche.

Pensar constantemente en la visión induce a la acción. Señala el deceso de la complacencia. Como dijo el salmista: "Se enardeció mi corazón dentro de mí; en mi meditación se encendió fuego…" (Sal. 39:3).

Resumen

El liderazgo empieza con una visión. Una visión ofrece una imagen clara de lo que el líder ve que su grupo es o hace. Una visión podría centrarse en la salud cuando aflige la enfermedad, en el conocimiento cuando prevalece la ignorancia, en la libertad cuando reina la opresión, o en el amor cuando el odio domina. El líder se entrega de todo corazón a esa visión, que conlleva un cambio beneficioso para su grupo.

Los líderes influyentes entienden la importancia de la visión y la convierten en la fuerza impulsora de su liderazgo. No obstante, la visión no conseguirá nada si el líder no da el paso siguiente, que es concretar objetivos que conduzcan a realizar la visión.

Las visiones no brotan simplemente del subconsciente; son dadas, tanto si el líder piensa en términos espirituales como si no. El líder influyente se toma en serio su visión. Pero también se toma en serio a sí mismo, no por una autoestima desbocada ni por vanidad personal, sino porque toda visión exige algo al que la tiene.

La visión seguirá siendo un sueño a menos que usted, el líder, tenga pasión y determine convertirla en realidad. Sentir que uno no está preparado no importa; es mucho más importante hallar y captar el potencial interior para poner en práctica la visión.

Para captar una visión, la soledad ofrece enormes beneficios. Si usted está siempre acompañado, no verá la visión. Estará demasiado ocupado, y los pensamientos y las ideas de otras personas saturarán su mente. Por tanto, asegúrese de pasar un tiempo a solas. Dedique varios minutos al día para sentarse a solas con sus pensamientos y use las Escrituras para clarificar y purificar su pensamiento. Con este método, conseguirá la inspiración que busca.

PASO 2

ALCANCE SU OBJETIVO

En 1950, la Universidad de Yale comenzó un estudio longitudinal de sus alumnos. En la fase inicial, solo un 3% de los que se iban a graduar dijo haber redactado sus objetivos laborales. Cuando concluyó el estudio, al cabo de veinticinco años, reveló un dato extraordinario: aquel 3% de personas que habían escrito sus objetivos *ganaban el equivalente al 97% de todos los ingresos de los miembros sobrevivientes del grupo.*

Descubrir una visión es importante, pero no cambiará nada si usted se queda clavado en la puerta de salida. Debe traducir esa visión en objetivos concretos: una misión que pueda perseguir mediante una secuencia de objetivos concretos.

Cecil Day (citado en el capítulo anterior) tuvo la visión de crear una cadena de hoteles baratos. En términos concretos, esto se tradujo en un plan de negocios para los moteles *Days Inn*. En cuatro años, construyó 40.000 habitaciones. Por lo que yo sé, esa hazaña no se ha vuelto a igualar.

Menos de cinco años después, un embargo internacional de petróleo hizo escasear la gasolina, lo cual redujo tremendamente el volumen del tráfico en las autopistas. Además, el aumento del precio de la gasolina congeló la liquidez en todo el país. Esto recortó los beneficios de la cadena *Days Inn*. Cuando se acabaron los moteles que se estaban construyendo durante la crisis del petróleo, los bancos no disponían de dinero para cumplir sus compromisos de concesión de préstamos convencionales. Como resultado, Cecil se vio sobrecargado con préstamos para la construcción a un interés muy elevado.

A pesar de todo esto, no perdió su visión, pero reformó su misión y sus metas. Visitó tres bancos al día, cinco días a la semana, durante veintiún meses. Siguió ajustando sus objetivos mediante pasos nuevos y bien pensados, que convertirían su visión en una realidad. Cuando murió en 1978, el negocio iba viento en popa, y Day había puesto en práctica su visión.

La puesta en práctica de la visión, por tanto, depende en gran medida de la capacidad de fijar metas.

El líder influyente se apega a la visión. Pero esta debe expresarse en el idioma de la misión. Esta es la diferencia entre el esbozo de un arquitecto y los planos definitivos. Y esos planos se concretan en una serie de pasos específicos y mensurables gracias a los cuales el solar vacío se convierte en un estacionamiento. Un líder sin metas es como un capitán de barco sin brújula o un conductor de camión sin mapa ni señales de circulación.

La puesta en práctica de la visión, por tanto, depende en gran medida de la capacidad de fijar metas. Cuanto más claros sean los objetivos del líder, más diáfano será su enfoque y más probable será que cumpla su visión. Fijar eficazmente los objetivos centra la visión del líder al establecer qué pasos dará para alcanzarla.

El industrial Henry J. Kaiser dijo: "Determine lo que más quiere hacer en la vida, anote los medios con los que pretende alcanzarlo y no permita que nada lo detenga".

Eso quiere decir que un líder influyente establecerá metas como si fuera parte de su naturaleza. Por este motivo, quiero examinar a fondo este proceso. Es vital comprender por qué la fijación de objetivos es tan importante, y cómo establecer metas que le ayuden a conseguir aquello que desea.

¿Qué sentido tiene planificar?

Tenga en mente los tres motivos para fijar metas.

Primero, fijar objetivos le ayuda a tener éxito, como demuestra a las claras el estudio de la Universidad de Yale citado al principio de este capítulo.

Segundo, las metas gobiernan su manera de abordar su consecución. Los líderes pueden vacilar cuando las decisiones son difíciles. Una visión clara y una estructura de objetivos acaban con la vacilación. ¿Existe un paso determinado que le ayuda a avanzar hacia una meta? Entonces, dé ese paso. ¿Lleva acaso a la organización en una dirección distinta e irrelevante? Deje que pase la ocasión. De esta forma, el líder conserva la energía al concentrarse en objetivos bien definidos.

La mayor parte del estrés proviene de la confusión y del miedo. Los objetivos tienden a eliminar la confusión y a superar el miedo.

Tercero, la fijación de metas contribuye a un estilo de vida más saludable. La mayor parte del estrés proviene de la confusión y del miedo. Los objetivos tienden a eliminar la confusión y a superar el miedo. Ari Kiev, el psiquiatra que aconseja sobre rendimiento a los vendedores de acciones más importantes del mundo, escribe:

> He descubierto repetidas veces que ayudar a las personas a desarrollar sus metas personales ha resultado la manera más eficaz de ayudarlas a superar los problemas y maximizar su satisfacción... Con las metas, las personas pueden superar la confusión y el conflicto sobre los valores incompatibles, los deseos contradictorios y las relaciones frustradas... todo lo cual es a menudo el resultado de la ausencia de estrategias racionales para la vida. Sin un objetivo central [una misión], sus pensamientos pueden agobiarlo; su confianza y su valor

> pueden verse socavados, y es posible que lo conduzcan a las circunstancias que teme. Sin un objetivo, usted se centrará en sus debilidades y en la posibilidad de equivocarse o de que lo critiquen. Esto fomentará la indecisión, las dilaciones y la incapacidad, e impedirá el desarrollo de su potencial.[8]

Juan Wesley, aunque lo agredieron, lo golpearon y lo difamaron, permaneció siempre tranquilo y alegre. Los objetivos lo liberaban del estrés. Podía decir, junto al apóstol Pablo: "Pues tengo por cierto que las aflicciones del tiempo presente no son comparables con la gloria venidera que en nosotros ha de manifestarse" (Ro. 8:18).

Algunos de los médicos expertos más importantes del mundo subrayan la importancia de las metas como elementos disuasorios de la enfermedad y como estabilizadores de la salud. Los autores de *Recuperar la salud,* un libro pionero, arguyen que la fijación de metas y la búsqueda de ellas constituyen una de las terapias más importantes y con mayor éxito en la lucha contra el cáncer. Dicen que fijarse nuevas metas en la vida constituye la herramienta más eficaz para que los pacientes mejoren. Cuando se forman conceptos y visualizan sus motivos para vivir, los pacientes se reinvierten en la vida.[9]

Los objetivos también proporcionan una sensación de progreso. La satisfacción psicológica depende de que uno sienta que su vida vale la pena. A su vez, esa sensación se ve reforzada poderosamente si usted puede señalar metas que haya alcanzado recientemente. Incluso aunque no haya completado su misión, sabe que ya ha superado determinadas etapas clave.

Decisiones visionarias que le ayudan a alcanzar su objetivo

Paul J. Meyer, fundador del SMI, de renombre internacional, dice enfáticamente: "Si usted no es lo que debería, quiere o podría ser, es porque no ha definido claramente sus objetivos".

Hoy día, muchos escritores e instructores promocionan la fijación de metas, hasta el punto de que creemos estar estableciendo objetivos cuando en realidad no es así. Entonces, ¿qué hace falta para fijar eficazmente los objetivos?

Esta es una serie de metas que redacté para dirigir un seminario de formación de líderes:

- Determinar detalladamente el objetivo del seminario.
- Determinar el profesorado.
- Determinar los participantes.
- Determinar la duración de las sesiones y la de todo el seminario.
- Determinar los fondos necesarios.
- Conseguir la colaboración de los profesores.
- Conseguir las instalaciones.
- Conseguir los materiales y el equipamiento necesarios.
- Conseguir los fondos necesarios.
- Elegir los candidatos que solicitan la formación avanzada.

Primero, observe que estos objetivos están interrelacionados. Algunos dependen de otros, y casi todos dependen de la financiación.

Segundo, note que debe dividirse cada objetivo en una serie de objetivos menores, con planes específicos y detallados. No debe dar nada por hecho ni omitir detalles. Thomas Carlyle dijo: "El genio es la capacidad infinita de esforzarse".

Usted debe analizar cuidadosamente sus metas y someterlas a una revisión constante.

No confunda un programa de objetivos, un programa de trabajo, con una lista de deseos. Debe analizar cuidadosamente sus metas y someterlas a una revisión constante. El líder influyente acepta esto y sabe cómo hacer que funcione, porque su visión depende de ello. Su programa de metas se convierte en una lista de cosas que hacer, que él o ella examina y va repasando diariamente. Esa revisión cotidiana garantiza que algo quede inserto no solo en su conciencia, sino también en su subconsciente.

Comprométase a tomar diez decisiones visionarias que le ayuden a alcanzar sus objetivos.

1. Alcance su objetivo mediante la fijación de metas concretas

Usted no construye un objetivo legítimo escribiendo: "Quiero que mi sector sea más eficiente". Puede que eso refleje un deseo válido, pero no lo guía a ninguna acción concreta. Más bien, redacte su objetivo así: "Quiero alcanzar una mayor eficiencia mediante el recorte de mis gastos". Expresado así, el objetivo define la acción que usted debe hacer.

Haga que sus metas sean tangibles. Si sabe que su impaciencia es algo negativo y decide cambiar de actitud, debe convertir el deseo intangible en pasos tangibles. Podría fijarse el objetivo de "ser más paciente". Pero ¿cómo sabrá si ha tenido éxito o no? ¿Puede visualizar ese objetivo? ¿Puede medirlo o hacer un seguimiento? ¿Cómo puede avanzar hacia su consecución?

Si quiere tener más paciencia, actúe sobre ese objetivo intangible usando pasos tangibles. Por ejemplo:

- No me quejaré durante los próximos diez días cuando mi mujer llegue tarde.
- Hoy no tocaré el claxon cuando otro conductor me moleste.
- En este viaje, sonreiré si mi vuelo va con retraso y me pierdo una cita importante.
- Cuando esta semana un empleado repita un error, le volveré a dar las instrucciones correctas con calma y amablemente.
- Dedicaré la primera media hora de cada día a leer la Biblia en silencio y a orar.

- No solo concederé la primera parte de cada día a los temas espirituales, sino que también dedicaré el primer día de cada semana y los diez primeros centavos de cada dólar al Señor y a su obra.
- Al menos cinco días de cada semana le diré a alguien lo que el Señor ha hecho por mí.
- Al menos una vez por semana me molestaré, si es necesario, en visitar a alguien necesitado, con el propósito de animar y ayudar a esa persona en el nombre de Jesús.

2. Alcance su objetivo haciendo que sus metas puedan medirse

Los objetivos tangibles son fáciles de evaluar porque usted puede medir su rendimiento. "Si no puede medirlo, no puede seguir su progreso", dice Paul J. Meyer. Y tiene razón.

Solo cuando pueda medir el objetivo, sabrá cuándo lo ha alcanzado.

Por tanto, añada cifras en su objetivo. Imagine que quiere reducir su presupuesto. ¿Exactamente en cuánto? ¿Quinientos dólares mensuales? ¿Cien? Solo cuando pueda medir el objetivo, sabrá cuándo lo ha alcanzado.

Tomemos la expresión "ahorro significativo". ¿Cómo definiría ese concepto? ¿Puede cuantificar el "ahorro significativo"? En dinero contante y sonante, ¿cuánto supone? Si usted dispone de cifras, sabrá si ha tenido éxito o no. Si no lo tiene, sabrá exactamente por cuánto no ha alcanzado su meta.

Usted mide los objetivos de dos maneras. Primero, especificando *qué* conseguirá. Segundo, especificando *cuándo* lo conseguirá.

¿Quiere ahorrar cinco mil dólares al año, al mes o a la semana? Está claro que la escala cronológica supone una gran diferencia. Además, el tiempo que tarde en alcanzar esa meta afectará a la siguiente. A menudo, hasta que no alcance un objetivo, no podrá ponerse a trabajar en el siguiente.

3. Alcance su objetivo haciendo que sus metas no sean realistas

La primera vez que hablé sobre la fijación de metas, puse mucho énfasis en que estas fueran realistas. Pero hace solo un par de años, después de toda una vida de fijar metas, se me ocurrió que en todos esos años no había fijado ninguna realista. El lema de mi vida traiciona la idea de una meta realista: "Intenta algo tan grande para Dios que esté condenado al fracaso a menos que Dios lo apoye".

De joven, John D. Rockefeller molestaba a menudo a sus amigos diciendo: "Un día tendré cien mil dólares". En aquella época, él y sus amigos eran empleados de mostrador y cobraban lo justo para pagarse el alojamiento. Rockefeller se había puesto una meta irreal. Al cabo de diez años, no había conseguido cien mil dólares, sino ¡varios millones!

Fíjese una meta que le haga ampliar sus límites.
Entonces, planifique su ruta para llegar a ella.

Es cierto que el mundo está lleno de personas que tienen exactamente el mismo objetivo que Rockefeller, pero no se fijan metas. "La fijación de metas irreales" supera los límites de lo realista. No estoy hablando de un deseo. Fíjese una meta que le haga ampliar sus límites. Entonces, planifique su ruta para llegar a ella. Cuanto más alto apunte, más lejos llegará… siempre.

4. Alcance su objetivo haciendo que sus metas sean alcanzables

Analice cuidadosamente sus recursos para salvar el abismo entre la realidad actual y su meta. ¿Qué puede hacer en el tiempo que dispone? ¿Qué le permite hacer su dinero? ¿Qué puede hacer recurriendo a sus amigos y contactos? ¿Cómo puede combinar esos recursos de una manera que lo impulse hacia su meta?

Permítame explicarle qué quiero decir con "alcanzable". Para escribir este libro, me fijé el objetivo de redactar un capítulo al mes. Podría haber intentado escribir dos capítulos, pero dado el resto de mi agenda, eso hubiera sido una meta inalcanzable. Sé que, si me disciplino lo suficiente, puedo escribir un capítulo al mes. En consecuencia, la forma en que estructuré mis objetivos aguzó mi enfoque e intensificó mi concentración.

A los cristianos, este tema puede resultarles difícil. Hemos de tener fe en Dios. Y se nos dice que con su poder todas las cosas son posibles. ¿Hasta qué punto debemos fiarnos de la ayuda de Dios?

Moisés envió a doce espías de Cades Barnea a reconocer la tierra. Informaron sobre una tierra donde fluía leche y miel, abundante en frutos incomparables. Todos estaban de acuerdo en que se trataba de un territorio deseable, pero diez de los espías amargaron el informe y aterrorizaron a los israelitas con su descripción de gigantes que habitaban en aquella tierra (Nm. 13:31-33). "No podemos luchar contra ese pueblo", dijeron.

Sin embargo, dos de los espías, Caleb y Josué, ofrecieron el informe minoritario. También ellos vieron a los gigantes, pero insistieron en que la tierra era la provisión de Dios, y que Él los llevaría a la victoria. Los objetivos de Caleb y de Josué eran inalcanzables mediante la capacidad humana. Pero al avanzar por fe en Dios, demostraron que aquello que en apariencia era inalcanzable era, decididamente, asequible.

Cuarenta años después, el Señor permitió que solo Caleb y Josué entraran en la tierra prometida. Los otros diez espías no volvieron a verla.

5. Alcance su objetivo limitando sus metas a las cosas que pueda controlar

Puedo hacer una lista de hospitales, universidades y organizaciones benéficas que basaron sus objetivos en un dinero que esperaban recibir de personas ricas, un dinero que nunca se materializó.

Idealmente, base sus metas en factores bajo su control.

Muchos líderes se han visto gravemente obstaculizados en su búsqueda de objetivos dignos porque sobreestimaron el ritmo de trabajo o la capacidad de sus empleados. En algunos casos, los propios líderes fracasaron. No lograron proporcionar formación o supervisión suficientes; no insistieron en revisiones periódicas del rendimiento.

Idealmente, base sus metas en factores bajo su control. En la mayoría de los negocios, un director puede guiar el trabajo de sus empleados incluso aunque no pueda motivarlos. En las organizaciones sin ánimo de lucro, a menudo los voluntarios no logran estar a la altura del personal contratado. Por tanto, no haga suposiciones irreales sobre la capacidad o la motivación de otras personas.

6. Alcance su objetivo detallando por escrito cada paso

Lord Bacon dijo: "La escritura hace al hombre exacto". Tenía razón. Escribir cristaliza sus pensamientos y hace que sus ideas sean específicas. La escritura también fomenta su memoria y tiene la capacidad de encuadrar los pensamientos en un patrón visual y de establecer conexiones importantes. A menudo, cuando expreso por escrito mis objetivos, descubro que emergen nuevas ideas.

Un líder se vuelve más eficaz cuando respalda su memoria mediante un registro escrito. Cuando escribe, usted activa el poder de sus sentidos. Usa su vista al ver lo que escribe. Usa el sentido del tacto, al sentir el bolígrafo o el teclado. Usa el olfato, captando los aromas subliminales de la tinta o de los circuitos eléctricos. Usa el oído: el sonido del instrumento de escritura sobre el papel o el repiqueteo de las teclas. De todas estas maneras, usted se conecta física y mentalmente con el sistema de metas que está desarrollando.

Comenzar un buen hábito es mucho mejor que intentar desprenderse de uno viejo.

Recuerde que un programa de objetivos puede abarcar cinco, diez o veinte años, y que incluso la mente más ágil puede perder de vista los detalles si estos no se encuentran debidamente plasmados. Elabore un plan de acción escrito para cada objetivo. Considere que la misión es una escalera, y las metas son sus peldaños. Asegúrese de que ha espaciado correctamente los peldaños y que los ha hecho lo bastante fuertes, porque si no es así, la escalera no le ayudará.

7. Alcance su objetivo al expresar positivamente sus metas

Comenzar un buen hábito es mucho mejor que intentar desprenderse de uno viejo. Habitualmente, fijar una meta, como: "Voy a dejar de retrasar las cosas" tendrá poco efecto. Se centra en lo negativo y dirige su atención hacia aquello que desea erradicar.

Diga, en cambio: "Seré resuelto". Esto prepara su mente para un movimiento positivo. Reta su creatividad transmitiendo una sensación de éxito inmediato cuando alcance la meta al tomar una decisión rápida y eficaz.

El evangelista D. L. Moody preguntó a una concurrencia tristemente reducida: "¿Cuántos de ustedes piensan que Dios puede llenar las cinco mil sillas de este salón?". Todos levantaron las manos.

"¿Cuántos de ustedes creen que Dios *llenará* todas las sillas de este salón?". Se levantaron menos de treinta manos.

"¿Lo ven? —los regañó—. No hace falta fe para decir que Dios *puede* hacerlo; hace falta una gran fe para decir que Dios *lo hará*".

Que sus metas sean la expresión de sus cualidades más nobles: el deseo alcanzar lo máximo para Dios.

Deje volar a su mente. Que sus metas sean la expresión de sus cualidades más nobles: el deseo de vivir y alcanzar lo máximo para Dios.

8. Alcance su objetivo centrándose en los cambios conductuales

Algunas metas le resultarán inalcanzables si primero no arregla los problemas de su conducta.

Por ejemplo, no puede esperar perder peso (si ese es su objetivo) cuando siente un deseo incontrolable de comer alimentos grasos. Primero debe cambiar su conducta. De forma parecida, no puede poner en marcha un programa o una empresa nuevos si permite que lo paralice el temor a correr riesgos. Debe empezar tomando como blanco un cambio conductual que controle su aversión al riesgo.

Normalmente, los empresarios abordan las metas que se fijan ellos mismos con mayor eficacia que las que fijan otros. Este principio funciona en todos los niveles de una organización. Por lo tanto, y en el grado que sea posible, asegúrese de que cada persona de la organización fije sus propios objetivos dentro del contexto que proporcionan las metas de la empresa.

El líder puede ayudar a fijar las metas. Pero si los miembros del personal fijan sus propios objetivos, el líder podrá tener mayor confianza en que él mismo alcanzará sus metas. Además, al fomentar de esta manera la responsabilidad personal, reduce el riesgo de que los trabajadores se echen la culpa unos a otros si se quedan cortos.

9. Alcance su objetivo vigilando los conflictos entre metas

Anotar sus objetivos le permite establecer prioridades cuando entren en conflicto dos metas deseadas.

Una forma frecuente de conflicto es el resultado de hacer una doble contabilización sin tener en cuenta los recursos, como el tiempo y el dinero. Pagar la hipoteca de un nuevo hogar puede entrar en conflicto con enviar a sus hijos a la universidad. En tales casos, su sistema de valores determinará qué opción considera más importante.

Los conflictos entre metas pueden darse también si hay dos personas que persiguen el mismo objetivo, pero de formas diferentes. Como líder empresarial, sus objetivos incluirán generar el máximo rendimiento por el mínimo costo. Sin embargo, es posible que sus trabajadores lo vean de otra manera. Ellos valoran la seguridad de un puesto de trabajo, la perspectiva de ascender o el buen sueldo. Esto no quiere decir que discrepen de la visión general de la empresa, pero puede afectar sus prioridades y su disposición de sacrificarse por la compañía. Solo un buen liderazgo puede resolver el conflicto y hacer que avance la organización.

Harold Geneen, ex director ejecutivo del gigante corporativo ITT, dice:

> El liderazgo es la habilidad de inspirar a otras personas para que trabajen juntas en equipo bajo la dirección de otra, con el fin de alcanzar un objetivo común, ya sea en los negocios, la política, la guerra o el campo de fútbol. Nadie puede hacerlo solo. En la organización, debe haber otros dispuestos a seguir su guía.[10]

El líder reta a las personas a que trabajen en aquellas metas que cumplen una visión. Geneen dice: "Quería que las personas buscasen objetivos que les parecieran fuera de su alcance. Quería que consiguieran más de lo que les parecía posible. Y quería que lo hicieran no solo por la empresa y por su carrera, sino por diversión".

Usted necesita revisar frecuentemente las metas para adaptarlas a las situaciones cambiantes.

Otra forma de conflicto global puede tener lugar en su propia mente. Junto con su plan formal de objetivos, es posible que usted tenga otras metas extrapresupuestarias que, a pesar de todo, requieren tiempo y recursos. Muchas personas sobreestiman el tiempo que pueden pasar con sus familias cuando las cargadas agendas profesionales excluyen el tiempo libre. Si no consigue abordar este conflicto de objetivos, caerá en el ámbito de los espejismos, hará falsas promesas, decepcionará a aquellos que le son queridos y someterá a una presión incluso mayor a las relaciones clave.

10. Alcance su objetivo manteniendo la flexibilidad de sus metas

Tenga en cuenta que los objetivos necesitan mucha más flexibilidad que las visiones y las misiones. La visión sigue siendo la misma, y la misión se corresponde con ella. Pero usted necesita revisar frecuentemente las metas para adaptarlas a las situaciones cambiantes.

Por ejemplo, suponga que tiene la visión de construir el mejor instituto de secundaria de la ciudad. Usted espera, de forma realista, que cumplir esa misión le llevará ocho años. Para cada año tendrá que establecer una serie de metas para el profesorado, el cuerpo estudiantil, el currículo, las instalaciones físicas, las relaciones públicas y otras áreas.

Quizá el primer año sus metas sean tres profesores que tienen un máster, una proporción alumnado-profesor de 30/1 o inferior, y un 20% del profesorado que participe en la educación continua. Sin embargo, al cuarto año, esas metas habrán cambiado. Seguramente aspirará a tener diez docentes con un máster, una proporción alumnado-profesor de 22/1 o inferior y un 35% del cuerpo docente que participe en la educación continua.

En los Estados Unidos, a principios de la década de 1900, los expertos en negocios consideraban que la *Pennsylvania Railroad* era el negocio de mayor éxito del país. Los asesores financieros solían aconsejar a las viudas que invirtieran su dinero en acciones de esa compañía. Les aseguraban: "Siempre podrá contar con la Vieja Pennsy".

Pero el negocio ferroviario estaba entrando en decadencia casi tan rápido como el caballo y el carro. Las empresas ferroviarias como la Vieja Pennsy se vinieron abajo porque los directivos no pudieron adaptar sus metas a una visión a largo plazo.

Si les hubiera preguntado a los directivos de la *Pennsylvania Railroad* cuál era su negocio, hubieran respondido: "Las vías férreas". Deberían haber dicho: "El transporte". Así podrían haber ampliado su negocio para incluir los camiones pesados, las autopistas, los aviones comerciales, los autobuses y los helicópteros. Pero como ha escrito el profesor de Harvard, Theodore Levitt, aquellos hombres del tren mantuvieron "una confianza imperturbable en sí mismos". También perdieron su negocio.

Su visión debe ser permanente,
y sus metas, flexibles.

En el mundo de los negocios, como en cualquier otro campo, su visión debe ser permanente, y sus metas, flexibles. Pero a menudo, sucede lo contrario. Los objetivos se fijan, y la visión desaparece. Las empresas se aferran a las viejas sedes, los viejos mercados y las estructuras, mucho después que estos han entrado en una decadencia terminal. Ignoran el mercado siempre cambiante. En los negocios, usted debe sincronizar sus metas con los cambios constantes o si no, tendrá que enfrentarse a la decadencia económica e incluso a la bancarrota.

Mientras trabaja en sus metas inmediatas,
asegúrese de mantener la vista fija también
en los objetivos a largo plazo.

Quiero insistir con total firmeza en que la fijación de metas es una disciplina constante. Debe modificar sus metas sin cesar para mantenerlas en sincronía con las circunstancias que siempre varían. No pierda de vista sus metas, de modo que el entorno voluble no lo tome por sorpresa. Y mientras trabaja en sus metas inmediatas, asegúrese de mantener la vista fija también en los objetivos a largo plazo.

Cómo empezar

Es así como yo lo hice.

Una vez que entendí claramente mi visión y la estructuré en términos concretos como misión, me impuse la tarea de desarrollar los detalles. Cada día tomaba un bloc de papel y anotaba todos los pasos concebibles para el cumplimiento de la misión. No puedo recomendarle ninguna lógica o secuencia particulares. Escribía tan rápido como me venían las ideas a la cabeza.

Antes de cada sesión, que duraba entre quince minutos y una hora y media, tenía un momento de tranquilidad y pedía a Dios de corazón que me guiase. Me consolaban mucho las palabras de Santiago: "Y si alguno de vosotros tiene falta de sabiduría, pídala a Dios, el cual da a todos abundantemente..." (Stg. 1:5). Y no dejé de recordarle al Señor que yo era candidato a recibir esa sabiduría, porque no la tenía.

Cada semana más o menos repasaba los temas que había anotado. Eliminaba algunos, combinaba otros y alteraba otros. Mientras repasaba, se me ocurrían otras ideas. Este proceso duró buena parte de un año.

Además de los puntos que había escrito, hice una lista de mis puntos fuertes y mis debilidades. Anoté todas las cualidades o capacidades que se me ocurrieron y que señalaban una debilidad personal, así como todas las críticas que recordé. En el otro lado de la hoja, anoté todos mis puntos fuertes tal como los entendía. Además, hice una lista de todos los encomios que me habían hecho. Esto me ayudó a entenderme como nunca antes y contribuyó a que delinease la misión vital a la que sentía que Dios me había llamado.

Me ruborizo cuando confieso que hasta antes de los treinta años no concreté las metas mediante las cuales llevaría a cabo la misión de mi vida. Especifiqué los logros que consideré necesarios, tanto los personales como los de otros que trabajasen conmigo.

Si la fijación de metas consigue tantas cosas, ¿por qué no hay más personas que las establezcan?

Abarqué todas las áreas concebibles de la vida, incluyendo el lugar de residencia, el estilo de vida personal, las exigencias de los viajes, el desarrollo mental, las actividades sociales, los objetivos económicos, familiares y empresariales, y las metas espirituales. Descubrí que algunos de ellos se excluían mutuamente. Entonces tuve que planificar mi sistema de valores y tomar una decisión sobre las prioridades.

¿Tiene miedo a las metas?

Si la fijación de metas consigue tantas cosas, ¿por qué no hay más personas que las establezcan?

Algunos opinan que la fijación eficaz de metas requiere un esfuerzo, una determinación, un compromiso. También requiere la capacidad de eludir nuestros temores.

Reflexione sobre cuatro emociones particulares que hacen que algunas personas se alejen de la disciplina de un programa de objetivos.

El miedo a fijar metas incorrectas

Algunos evitan establecer objetivos por si estos resultan ser fragmentarios o imprecisos. En realidad, a la hora de fijar metas, la perfección es inalcanzable. La vida cambia, los contextos también, y usted deberá adaptar sus objetivos en consecuencia. Además, no se sienta frustrado si no recorre al 100% el camino que lo lleva a un objetivo dado. En el peor de los casos, estará mucho más adelantado de lo que hubiese estado de no fijar los objetivos.

El miedo al fracaso

En un momento u otro, todo el mundo fija una meta que luego no alcanza. Este hecho, ¿da pie para abandonar la práctica de fijar objetivos? Todo aquel que sube a una bicicleta se ha caído alguna vez. ¿Es este un motivo para abandonar el ciclismo como medio de transporte o como pasatiempo?

Una persona normal fracasa y renuncia;
el líder verdadero analiza las causas y luego
prosigue su búsqueda.

Los accidentes ocurren. Todo el mundo comete errores. Pero mientras una persona normal fracasa y renuncia, el líder verdadero analiza las causas y luego prosigue su búsqueda. Dentro de ese contexto de persistencia constructiva, la derrota se transforma en edificación del carácter.

La derrota se convierte en una fuerza destructiva solo cuando un individuo la interpreta como un fracaso personal. Cuando usted interpreta la derrota como una lección necesaria, esta alcanza la categoría de bendición. Basándome en mi estudio de la historia, he llegado a la conclusión que quienes se enfrentan a más obstáculos son aquellos que alcanzan los logros más imponentes.

El miedo al ridículo

Cuando tenía veintidós años, compré un libro titulado *Thirty Days to a More Powerful Vocabulary* [Aumente su vocabulario en treinta días].[11] Me di cuenta que, cuanto mayor es el vocabulario de una persona, más amplia es su visión y más profunda la penetración de su pensamiento. Uno no puede pensar más allá del límite de las palabras que usa para captar y expresar el pensamiento.

Lamentablemente, me dediqué a emplear con demasiada libertad las palabras nuevas y sofisticadas que iba aprendiendo. Como resultado, algunas personas me lo reprocharon. Una me dijo: "Para comprender a John Haggai, uno tiene que ir armado con *un gran diccionario.* ¡Eso me llegó hondo!

Justo cuando estaba a punto de abandonar mi disciplina de aprendizaje de vocabulario, un amigo me dijo: "John, me he dado cuenta de que estás trabajando en tu vocabulario". Hice una mueca. Pero él siguió diciendo: "No te avergüences. Te admiro. Al principio es posible que uses mal las palabras nuevas. Pero quiero animarte no solo a que sigas adelante, sino a que mantengas la disciplina toda tu vida. Ampliará tu capacidad de conocimiento y de comprensión".

En el momento en que fije una meta,
se enfrentará a la oposición.

Antes de ese encuentro, había abandonado la idea de hacer cursos de lectura rápida y de memorización. Pero tras superar el miedo al ridículo, seguí haciendo ambas cosas.

En el momento en que fije una meta, se enfrentará a la oposición. ¿Por qué? A menudo, debido a los celos. "Otras personas saben que deberían hacer lo mismo —me dijo un amigo—. Les molesta que estés un paso por delante. Por tanto, reconoce el ridículo como lo que es: un halago encubierto".

El miedo a la presunción

Quizá algunos no se pongan metas debido a ese versículo que dice: "Preserva también a tu siervo de las soberbias…" (Sal. 19:13). Pero la fijación de metas encaja perfectamente con la soberanía de Dios.

Hace algunos años, di una conferencia ante un grupo de líderes cristianos brasileños. Habían estado debatiendo las metas relativas al número de personas que queríamos ver evangelizadas en el mundo en vías de desarrollo. El editor de una gran editorial denominacional preguntó:

—Dr. Haggai, ¿cómo se puede reconciliar la fijación de metas y la soberanía de Dios? Fijar metas, ¿no es un atrevimiento contra la voluntad de Dios?

—¿Cuántos hijos tiene usted? —le pregunté.

—Tres.

—Imagino que su gran pasión es que entreguen sus vidas al Señor y vivan vidas que le honren y se centren en Cristo, ¿no?

—Por supuesto.

—¿Puedo suponer también que usted y su querida esposa oran fervientemente, instruyen a sus hijos y crean el ambiente en su hogar que los conduzca a semejante compromiso espiritual, mientras al mismo tiempo tienen cuidado de no presionarlos? En otras palabras, quiere que sus decisiones sean realmente de ellos. ¿Tengo razón?

—Sí. Nuestro mayor deseo es que conozcan al Señor.

—Entonces, ¿no podríamos decir que usted y su mujer han fijado una meta, y que esta se relaciona con la salvación de sus hijos? Si esto es cierto, ¿cree que así profana la soberanía de Dios? Dentro de los parámetros de la soberanía divina, se nos concede libertad para nuestras elecciones.

Debemos fijar nuestros objetivos con referencia a la voluntad de Dios tal como la entendemos.

Al fijar metas, no profanamos la soberanía de Dios. Más bien, debemos fijar nuestros objetivos con referencia a su voluntad tal como la entendemos. Las metas, por consiguiente, ¡son pasos que damos al poner por obra la voluntad de Dios!

La versión inglesa de la Biblia, *The Living Bible*, parafrasea Proverbios 24:3-4 así: "Toda empresa se construye mediante una planificación sabia, se fortalece mediante el sentido común y obtiene beneficios cuando se mantiene al tanto de los hechos".

Resumen

La visión construye los cimientos de todo liderazgo. La visión del líder exige un compromiso a actuar: una misión. Usted pone en práctica la visión y la misión mediante objetivos específicos y mensurables.

La visión y la misión son siempre constantes. Como contraste, debe revisar las metas regularmente, quizá diariamente. Cuando repase sus metas, debe comprobar cuál ha alcanzado ya. Examine las inconclusas, decida qué medidas correctivas debe aplicar y, si es necesario, fije otras metas revisadas o incluso nuevas.

Establezca metas efectivas. Eso quiere decir que deben ser específicas, mensurables, accesibles y tangibles. No construya sus metas sobre predicciones optimistas de lo que harán otros. Más bien, asuma que otros rendirán por debajo de sus posibilidades. Al mismo tiempo, no permita que su naturaleza predecible contenga sus metas. Nunca en mi vida he fijado una meta realista. Como resultado, me he obligado a rendir por encima de mis posibilidades.

Anote sus metas detalladamente, revisándolas varias veces para asegurarse de que lo llevarán donde quiere llegar. Reemplace las metas intangibles por otras equiparables y concretas sobre las que pueda actuar y que sean mensurables. Además, anote sus objetivos usando términos positivos que lo lleven hacia delante. Nunca dude en ajustar sus metas a la luz de las circunstancias cambiantes.

Adopte la fijación de metas como una disciplina constante. No puede hacerlo una vez y luego olvidarse del tema, como si fuera una inyección que le pone el médico. La aceleración persistente que hoy se vive en las personas, los lugares, los procesos y las ideas exige al líder nada menos que una fijación de metas firme y muy bien definida, en todos los ámbitos.

Paso 3

Demuestre que el amor funciona

No deje que la palabra *amor* lo engañe.

El amor no es un sentimiento suscitado por una postal romántica. No, el amor es una acción que caracteriza todas las relaciones del líder influyente.

Napoleón Bonaparte —quien tuvo más poder que la mayoría de nosotros— sabía que el poder, por sí solo, no hacía fuertes a los líderes. Dijo: "Alejandro, César, Carlomagno y yo fundamos grandes imperios. Pero ¿de qué dependían las creaciones de nuestro genio? De la fuerza. Jesucristo fue el único que fundó su imperio sobre el amor, y hasta el día de hoy, son millones los que mueren por Él".

En su famoso libro *Alta dirección*, Harold Geneen establece una distinción importante entre un líder y un comandante. El líder, dice él, se centra en las personas, mientras que el comandante se centra en la tarea. El líder manifiesta consideración y amor. El comandante simplemente dice: "Quiero que se haga esto para esta fecha, y si no se hace, ¡rodarán cabezas!".[12]

Con demasiada frecuencia, confundimos el liderazgo con la popularidad, el poder, la espectacularidad o la sabiduría en la planificación a largo plazo.

La mayoría de los presuntos líderes de hoy día no guían a las personas. W. C. H. Prentice dijo que, con demasiada frecuencia, confundimos el liderazgo con la popularidad, el poder, la espectacularidad o la sabiduría en la planificación a largo plazo. Ninguna de estas cosas puede sustituir un liderazgo que se conecta personalmente con otros. Tampoco serán igual de efectivas.

El amor sin sentimientos

En cierta ocasión, vino a visitarme a mi despacho un líder mundial. Tras haber visto el trabajo del Instituto Haggai, me dijo:

—Dr. Haggai, usted debe sentir un gran amor por el mundo en vías de desarrollo.

—Si con eso quiere decir que justo ahora mi corazón se estremece presa de una profunda emoción —repuse—, la respuesta es que no. En este momento, no siento mayor calidez emocional hacia el mundo en vías de desarrollo que hacia esta mesa. Pero tiene razón. Siento un gran amor por ese mundo. También amo mucho a mi hijo, que murió a los veinticinco años de edad. Mientras hablo con usted, recordarlo no me emociona. Si empiezo a contarle las experiencias que compartimos como familia, fácilmente podría empezar a tener sentimientos y a manifestar emociones. Sea como fuese, eso no supone ninguna diferencia para el amor que siento por él. Mi amor no aumenta con la emoción, ¡ni tampoco se reduce sin ella!

El amor es una acción, no un sentimiento.

El líder se me quedó mirando con los ojos abiertos como platos. Al final entendió lo que le estaba diciendo: el amor es una *acción*, no un *sentimiento.*

Insertar el amor en su toma de decisiones no tiene nada que ver con sus emociones. Cómo se sienta usted no tiene importancia. El amor consiste en la propia decisión, no en cómo se sentía usted cuando la tomó. Puedo compadecerme de las víctimas de un terremoto, pero un indicador mucho mejor de mi preocupación por ellas es si respaldo los esfuerzos destinados a ayudarlas.

En la definición que di antes, el amor es *la expresión de la totalidad de nuestro ser para beneficiar y ayudar a otros.* En otras palabras, el amor requiere un acto de la voluntad. Usted puede amar sin sentir nada. De hecho, el amor en el liderazgo llega más lejos cuando no está obstaculizado por las emociones.

Los antiguos griegos disponían de una palabra especial para este tipo de amor. Lo llamaban *ágape. Ágape* significa amor semejante al de Dios, en el sentido de que solo Él tiene la fortaleza y la perfección necesarias para practicarlo correctamente. Jesús hizo del término *ágape* una palabra esencialmente cristiana, ungida por la gloria que el propio Dios le concedió. Jesús la usó para expresar su actitud hacia *todos* los hombres y las mujeres.

Nadie puede *sentir* amor constantemente. Un estado emocional alto y constante —tan elevado como el que sentimos cuando nace un niño, comienza un matrimonio o se produce una victoria en un campo de deportes— pronto nos quemaría, destruyéndonos. Ni el cuerpo ni la mente podrían soportarlo. El amor *ágape* puede provocar profundas emociones, pero nunca depende de ellas. Y cuando las emociones se han apagado y desaparecido, el amor *ágape* permanece.

El amor significa que, haga lo que haga cualquiera para humillarlo, explotarlo o herirlo, usted obrará por el máximo beneficio de su agresor.

Póngase estándares elevados. El amor implica la totalidad de nuestro ser. Conlleva una consideración, generosidad y benevolencia manifiestas. Significa que, haga lo que haga cualquiera para humillarlo, explotarlo o herirlo, usted obrará por el máximo beneficio de su agresor. Eso supone un requisito muy duro, que pocos líderes pueden presumir de cumplir.

Recuerde que el amor está relacionado con necesidades reales. Los líderes pueden dar fácilmente a las personas lo que quieran, porque esto produce un beneficio a corto plazo. Pero el líder influyente debe pensar con antelación y fijar objetivos que redunden en el máximo beneficio del grupo, incluso si este todavía no comparte su clarividencia.

Todos los padres entienden la tensión entre los deseos y las necesidades. Nada proporciona una satisfacción más grande a corto plazo que dar a los niños lo que quieren. Pero el niño indisciplinado, cuyos padres no lo aman lo bastante como para decirle que no cuando es necesario, no lograrán construir su carácter y al final tendrán que sufrir. La correcta función paternal nos obliga a adoptar una perspectiva a largo plazo. Uno soporta las rabietas porque la disciplina, al final, proporciona los dones de la fuerza interior, la seguridad y la sensación de pertenencia. Tales cosas constituyen las verdaderas necesidades del niño, y el padre sabio planificará para satisfacerlas.

Puede parecer que las corporaciones líderes están a un millón de kilómetros de la paternidad, pero les podemos aplicar el mismo principio. Sin ser condescendiente, el líder influyente toma decisiones que satisfacen las necesidades reales de otros, incluso aunque las medidas que se requieran sean desagradables.

El amor es *activo*, nunca pasivo; exige una expresión. Además, el amor es *transitivo*; exige un objeto. El amor es infaliblemente práctico. Sirve y se sacrifica y, al hacerlo, cultiva en otros la motivación de trabajar duro y alcanzar objetivos.

"Dinero para la beneficencia"

En 1976, la empresaria Anita Roddick fundó la cadena de ventas al por menor *Body Shop*. Desde el principio, la visión de Roddick dominó el negocio. Ella creía en el valor de las relaciones estrechas, lo cual se manifestaba en su toma de decisiones. Estas son algunas de las cosas que decidió:

- A pesar de su rápida expansión, se aseguró de conocer a todos sus empleados por su nombre.

- Celebraba fiestas para sus directivos en su jardín trasero.
- Se aseguró de visitar todas las tiendas de su cadena al menos una vez al año, para formular y responder preguntas del personal.
- Mantuvo una línea telefónica abierta para que cualquier miembro de la compañía pudiera contactarse con ella.

Roddick también se preocupó de garantizar que la asistencia trascendiera a su empresa. Siguiendo el ejemplo de la primera *Body Shop*, todos los puntos de venta adoptaron un proyecto de ayuda comunitaria que incluía hospitales, residencias para ancianos o centros para niños discapacitados. Roddick dice: "No basta con donar dinero a la beneficencia. Lo importante es involucrar a las personas en dar, compartir y ayudar".

Sus socios en el negocio lo notaron.

"Ella es una persona de mucha compasión —dijo una franquicia de cuatro tiendas en Londres—, y ese sentir de dar atención a otros, hace distinguir muy bien a toda la empresa".

Este tipo de interés práctico, ¿es relevante para los negocios? Parece que sí. En diez años, *Body Shop* abrió noventa tiendas en Gran Bretaña y dispone de ciento noventa y seis puntos de venta más en otros treinta países. Durante el mismo período de tiempo, obtuvo beneficios de más de cinco millones de libras.

No se engañe

Por sí solo, ningún líder puede manifestar un amor constante, altruista y práctico, de la misma manera que una central eléctrica no puede proporcionar un flujo constante de electricidad sin consumir combustible.

El liderazgo plantea exigencias tremendas. Lo aísla. A veces, al abordar las necesidades reales en lugar de necesidades aparentes, genera hostilidad y resentimiento. Además, el liderazgo exige invertir tiempo, esfuerzo y buena voluntad constantemente, incluso cuando estos no son recíprocos.

Ser un líder influyente agota constantemente sus recursos. ¿Dónde irá para renovarlos?

Las personas dependen de usted. A menudo se apoyan en usted. Cuando las cosas van mal, se quejan, y cuando van bien, no siempre se acuerdan de atribuírselo a usted o de darle las gracias. En resumen, ser un líder influyente agota constantemente sus recursos. ¿Dónde irá para renovarlos?

Por el momento, quiero destacar un requisito clave: la certidumbre interior de que lo aman y lo valoran. Eso no procede de aquellos que dirige o, aun cuando procede de ellos, solo se manifiesta de vez en cuando. A pesar de todo, si quiere permanecer en el liderazgo, debe disponer de esta certidumbre interior.

En el que sigue siendo uno de los mejores libros que he leído sobre el tema, Denis Waitley, psicólogo consultor de la *National Aeronautics and Space Administration* (NASA), dice: "El primer secreto, el mejor guardado, del éxito absoluto es que debemos sentir amor dentro de nosotros antes de poder darlo a otros". Luego explica: "Si en nuestro interior no tenemos un sentimiento profundo de nuestro valor, entonces no tenemos nada que dar a otros ni que compartir con ellos".[13]

Así que, ¿de dónde procede esa conciencia de ser valorado?

El dicho de que "detrás de cada gran hombre, hay una gran mujer" tiene mucha razón. El hogar y la familia ofrecen bastiones sólidos para respaldarnos, igual que los amigos y los mentores. Todos necesitamos consejeros, personas con quienes confrontar ideas, que nos afirmen y entiendan, personas con quienes podamos relajarnos. Eso explica por qué, cuando las cosas van mal en el hogar, las personas sienten tanto estrés.

Todas estas cosas son importantes. Pero, desde mi punto de vista, para transmitir amor *ágape* en el liderazgo, usted necesita algo más profundo que relaciones de apoyo con otros seres humanos, por estrechas que estas sean.

> ***Para ejercer el amor en el liderazgo, debe experimentar el amor de Dios. Al final, nada menos que eso funcionará.***

Necesita la certidumbre de que Dios lo ama. Recuerde que las grandes visiones son, en última instancia, un don de nuestro Creador. Y solo ese Creador proporciona el amor del que siempre puede depender. Hasta los mejores amigos pueden abandonarlo. Incluso los miembros de su familia pueden no entenderlo o apoyarlo. Para ejercer el amor en el liderazgo, debe experimentar el amor de Dios. Al final, nada menos que eso funcionará.

Es posible que diga: "No soy religioso. No necesito a Dios". Pero aunque no le guste, todos tenemos una faceta espiritual. Todos tenemos necesidades religiosas, y estas deben quedar satisfechas si queremos funcionar con eficacia como líderes, en los negocios, la política o donde sea.

Usted cuida su cuerpo yendo al gimnasio. Su espíritu necesita la misma ayuda. Solo al entender que Dios lo ama, perdona y acepta, podrá alcanzar una autoestima sana.

En Gálatas 5:22-23, el apóstol Pablo habla de esto llamándolo "el fruto del Espíritu". Está hablando de un todo, porque usa el término *fruto* en singular. "Mas el fruto del Espíritu es amor, gozo, paz, paciencia, benignidad, bondad, fe, mansedumbre, templanza...".

Puede pensar que esos frutos conductuales nacen de forma natural de una relación con Dios, y hasta cierto punto, es así. Son coherentes con una fe que es, al mismo tiempo, la visión más elevada de una persona y su elección más profunda. Pero mantener sano el árbol requiere una decisión visionaria cotidiana.

El consejo de Engstrom

Ted Engstrom, ex presidente de *World Vision International*, escribió uno de los libros más importantes de todos los tiempos sobre la gestión de las relaciones, titulado *The Fine Art of Friendship* [El buen arte de hacer amigos].[14] En él aconseja: "Subraye los puntos fuertes y las virtudes de otros, no sus errores y debilidades".

"Subraye los puntos fuertes y las virtudes de otros, no sus errores y debilidades".

Para ilustrar esta idea, cuenta la siguiente historia.

Después de tres años de matrimonio, la relación de José con su mujer estaba en crisis. Ya no la consideraba atractiva ni interesante. Pensaba que era una mal ama de casa, que tenía sobrepeso, y ya no quería vivir con ella. José estaba tan molesto que al final decidió divorciarse. Antes de entregarle a ella los documentos, pidió una cita con un psicólogo, para descubrir cómo hacerle la vida imposible a su esposa todo lo que pudiera.

El psicólogo escuchó su caso y luego le dio el siguiente consejo: "Bueno, José, creo que tengo la solución perfecta para usted. Empiece esta noche. Cuando llegue a casa, quiero que empiece a tratar a su esposa como si fuera una diosa. Sí, eso es, una diosa. Quiero que cambie su actitud hacia ella ciento ochenta grados. Empiece a hacer todo lo posible por complacerla. Escúchela con atención cuando le cuente sus problemas, ayúdela en las tareas de casa, llévela a cenar fuera los fines de semana. Quiero que finja que es la persona más maravillosa que haya conocido jamás. Entonces, después de dos meses de tratarla así, haga las maletas y váyase. ¡Eso sí que la destrozará!".

José pensó que era una idea genial. Empezó a tratar a su mujer como si fuera una diosa. Le llevaba el desayuno a la cama. Le enviaba flores sin motivo aparente. La llevó a pasar dos fines de semana románticos. Le leía libros por la noche y la escuchaba cuando se quejaba. Era increíble lo que José estaba haciendo por su esposa. Mantuvo esta actitud durante dos meses. Tras el tiempo establecido, el psicólogo llamó a José al trabajo.

—José, ¿cómo le va? —preguntó—. ¿Ya ha preparado los documentos del divorcio? ¿Vuelve a ser un soltero feliz?

—¿Divorcio? —preguntó José, sorprendido—. ¿Bromea o qué?

Estoy casado con una diosa. Nunca he sido más feliz en toda mi vida. Nunca dejaría a mi mujer, ni en un millón de años. De hecho, cada día descubro cosas nuevas y maravillosas sobre ella. ¿Divorcio? ¡Ni soñarlo!

A la mayoría de las personas le cuesta tratar a otros con cariño sin sentir primero cierto afecto. Quieren que los sentimientos precedan a sus actos. Pero el amor de liderazgo funciona a la inversa. Usted primero debe practicarlo, y luego, normalmente, se produce cierto grado de amistad y de afecto.

Engstrom sugiere algunas líneas útiles de acción para los líderes que quieren forjar relaciones:

- *"Hemos de decidir crear relaciones en las que no pidamos nada a cambio"*. Por su propia naturaleza, el amor es incondicional. De lo contrario, manifiesta que no es amor, sino una manipulación egoísta. Tristemente, la manipulación se da con mayor frecuencia que el amor en la conducta de muchos presuntos líderes.
- *"Hace falta un esfuerzo consciente para fomentar un interés auténtico en otros"*. Tenemos una tendencia natural hacia el egocentrismo (que no debemos confundir con una autoestima sana). "Cada uno de nosotros es una creación única. Por lo tanto, siempre llevará tiempo —a menudo mucho— comprendernos unos a otros". Habitualmente, los líderes son personas ocupadas. Sin embargo, no podemos eludir el hecho de que las relaciones se construyen lentamente. Debe buscar tiempo para que vaya floreciendo un liderazgo amoroso.
- *"Comprométase a aprender a escuchar"*. ¿De verdad escucha a las personas, intentando comprender lo que dicen? ¿O simplemente deja que hablen, mientras usted planifica qué va a decir luego? Quien ama, escucha con empatía.
- *"Sencillamente, esté allí para ayudar, tanto si sabe exactamente qué hacer como si no"*. A veces no tendrá todas

las respuestas. Por lo tanto, el amor conlleva respaldar a otros, manifestarles que son valorados, incluso si están en una situación difícil y no disponen del modo de huir de ella inmediatamente.

- *"Trate siempre a los demás como a iguales"*. El mero hecho de que usted sea un líder no quiere decir que sea mejor que otros. Los líderes son susceptibles de caer en el engreimiento. Por este motivo, en sus relaciones con los demás, debe rehusar fiarse de su rango.
- *"Sea generoso con las alabanzas legítimas y con el ánimo"*. Estas palabras edifican la autoestima de otros. Sin embargo, las palabras de crítica y desánimo matan el entusiasmo o el amor de los demás.
- *"Haga que sus amigos sean lo primero, prefiriéndolos antes que a sí mismo"*. Aquí vemos una vez más la diferencia clara entre el líder que ama y el poderoso que manipula. El líder antepone a otros. El buscador de poder solo anhela el beneficio personal.

Decisiones visionarias que le ayudan a demostrar que el amor funciona

Como dice el psicólogo Erich Fromm en su libro *El arte de amar*,[15] la práctica del amor requiere disciplina, concentración y paciencia. Debe considerarla una prioridad suprema.

A diferencia del mecánico que trabaja sobre todo con cosas, o del matemático que trabaja sobre todo con ideas, el líder trata con personas. Y las personas responden bien y dan lo mejor de sí mismas solo cuando saben que las tratan con amor.

Demuestre con su conducta cómo funciona el amor.
Revele con su vida y con sus actos la práctica
y los beneficios del amor.

Pretender motivar a base de amenazas no solo socava el liderazgo firme, sino que arroja resultados pobres. De entrada, la conducta del grupo suele reflejar la del líder. Si busca la eficacia, viva y trabaje de forma modélica. Demuestre con su conducta cómo funciona el amor. Revele con su vida y con sus actos la práctica y los beneficios del amor.

Resuelva tomar decisiones visionarias que refuercen y expresen la determinación del líder influyente para demostrar que el amor funciona en el liderazgo.

1. Demuestre que el amor funciona, mediante un contentamiento interior

Solo el amor mantiene alegre a la persona en todas las circunstancias. El amor no proporciona una sensación superficial de alegría, sino una convicción profundamente arraigada de que todo va bien.

En el mundo moderno, que tanto enfatiza la gratificación de uno mismo, se nos enseña a creer que la felicidad y la alegría son fruto exclusivo de obtener lo que queremos, de satisfacer nuestras necesidades. La generación moderna asocia con demasiada frecuencia el contentamiento con un coche nuevo, una casa más grande o más "juguetes".

Sin embargo, la verdad es que tales cosas no proporcionan contentamiento. Los adictos a las cosas siempre quieren más. Eso explica por qué la adquisición de bienes de consumo nos atasca en un círculo cerrado de insatisfacción. Da igual cuánto posea usted, siempre sentirá la necesidad de hacer una compra más para alcanzar la satisfacción.

Si ahora no tiene contentamiento, comprar nunca satisfará su necesidad. El verdadero contentamiento nace de la capacidad de poner en un segundo plano sus intereses y de expresar amor por los demás mediante la práctica de dar.

Las personas generosas tienen contentamiento.

2. Demuestre que el amor funciona, mediante la flexibilidad

Una vez tuve el privilegio de pasar tres semanas en compañía de un líder asiático. El gobierno surcoreano lo invitó a convertirse en presidente de su país tras la Segunda Guerra Mundial. Rechazó la propuesta porque quería dedicarse al liderazgo de la Iglesia. Este hombre, el Dr. Han Kyung Chik, ha sido siempre mi ejemplo más poderoso en el arte y la habilidad del liderazgo.

Pregunté a uno de sus oficiales cómo respondía el Dr. Han a las críticas.

El hombre me dijo: "Recuerdo una ocasión en que el Dr. Han propuso una iniciativa. Como respuesta, un miembro de la reunión lanzó un ataque virulento contra la opinión del Dr. Han. Este se puso a llorar. Dijo: 'Parece ser que no oré lo suficiente antes de sugerir esto. Les ruego me perdonen. Oraré con mayor fervor al respecto'. Al cabo de un año, todos los miembros entendieron la sabiduría de la propuesta del Dr. Han, aunque él nunca volvió a mencionarla".

Esta historia dice mucho sobre el poder del amor. El Dr. Han podría haber insistido en su idea, arrastrando a los otros con él. Se negó a hacerlo. Y el hecho de que se negara y se tomara tan en serio la crítica de su colega condujo, en última instancia, a una decisión sólida, fuerte y unánime a favor de la propuesta que el Dr. Han había hecho primero.

El poderoso carente de amor, egocéntrico, intentará salirse con la suya creando facciones, fomentando hábilmente el conflicto y desequilibrando a los demás. Esta forma de actuar viola sus propósitos defendidos. Al trabajar para alcanzar la armonía, el líder influyente puede perder algunos votos, pero en última instancia dirigirá a la organización por una vía que beneficiará a todos. No malgastará sus energías en esfuerzos paranoicos por erradicar las críticas.

3. Demuestre que el amor funciona, mediante el control del temperamento

Otra cosa que aprendí del Dr. Han fue: "Cuando pierdes los nervios, lo pierdes todo".

El liderazgo invita a tremendas provocaciones. Las personas lo culpan cuando las cosas salen mal. Puede perderse oportunidades cruciales porque alguien no quiso cumplir sus órdenes. Los reveses y las incertidumbres pueden generar una presión constante y casi insoportable. Aun así, no gana nada dejando que su frustración se convierta en rabia contra los demás.

Da igual cuál sea la provocación, el líder eficaz no se dignará responder a ella con desprecio condescendiente ni con afán de venganza brutal.

Todo líder puede enojarse. El líder eficaz controla su temperamento. Da igual cuál sea la provocación, él no se dignará responder a ella con desprecio condescendiente ni con afán de venganza brutal. El amor siempre aconseja paciencia.

Rich DeVos y Jay Van Andel, creadores de *Amway*, tenían una forma sensata de resolver los desacuerdos. Usaban el principio del veto: no podían tomar ninguna decisión que afectase a la empresa si ambos no estaban de acuerdo.

Cuando discrepaban en algún tema importante, llevaban a su sede de Grand Rapids, Michigan, a un empresario firme y exitoso en el que ambos confiaban. Él hacía de árbitro. Resolvían el conflicto y seguían adelante.

4. Demuestre que el amor funciona, mediante la simple amabilidad

Cuando era adolescente, escuché al cautivador Walter A. Maier en la emisión de radio de *Lutheran's Hour* [La hora luterana], un programa titulado "Llevando a Cristo a las naciones". Domingo tras domingo, me sentaba ante la radio, hipnotizado por el mejor predicador radiofónico del mundo. Logré reunir dos dólares y se los envié con una carta. Le pedí disculpas por una ofrenda tan pequeña, pero le dije que era todo lo que tenía. Le aseguré mi "asistencia" fiel a sus programas y mis oraciones fervientes por él y por su ministerio.

Unos días después, me quedé atónito cuando recibí de él una carta de dos páginas. No era ninguna fotocopia. La había mecanografiado él mismo, como demostraban los errores de impresión, ¡porque ninguna secretaria los habría cometido! Respondió detalladamente a mi carta. Me dijo lo importante que fue mi donativo, me animó, compartió conmigo algunas ideas y anécdotas. Me dijo que "cada dólar alcanza a 1.500 personas con el evangelio por medio de nuestro programa, de modo que tu donativo ¡alcanzará a 3.000!".

Me dije: *Cuando sea mayor, si alguien me escribe, seré tan atento como el Dr. Maier lo ha sido conmigo.*

La respuesta de Maier expresaba amor por medio de la amabilidad. No es de extrañar que su liderazgo influyera en millones de personas de todo el mundo.

5. Demuestre que el amor funciona, eligiendo siempre lo bueno

Elegir lo bueno significa:

- Distinguir claramente entre el bien y el mal.
- Juzgar con sabiduría cuando se enfrente a decisiones prácticas.
- Hacer lo correcto incluso cuando otros ignoran su conducta.
- Tener una consideración y una sensibilidad siempre mayores al tratar con las personas.

Los antiguos imperios de Grecia y Roma no valoraban la bondad. En lugar de eso, los griegos idolatraban el intelecto, y los romanos, el poder. Sin embargo, la bondad subyace en el liderazgo firme. Los líderes con un fuerte carácter moral invitan a la confianza.

Cuando cumple sus promesas, establece un patrón conductual que asegura a los demás que pueden hacer negocios con usted.

El líder que manifieste bondad no impondrá a otros su punto de vista. No caerá en una conducta tan contraproducente, porque sabe que las personas no reaccionan bien cuando se les agobia y se les critica. En el mejor de los casos, adoptan su código de conducta superior como una forma de buscar favores y aumentar su poder. El buen líder dirige con el ejemplo, animando a otros a que imiten su conducta y la interioricen.

6. Demuestre que el amor funciona, mediante la confiabilidad

¿Se mantiene fiel a su palabra, incluso en las cosas pequeñas? Cuando cumple sus promesas, establece un patrón conductual que asegura a los demás que pueden hacer negocios con usted. Su esencia consiste en respetar los compromisos con usted mismo, con otros, con la organización, con su familia y, fundamentalmente, con Dios. La fidelidad caracteriza al líder influyente.

Formúlese algunas preguntas sobre su conducta:

- ¿Hace promesas que sabe que no cumplirá?
- ¿Paga sus facturas a tiempo?
- ¿Se presenta a la hora precisa cuando tiene una cita?
- ¿Sigue el camino hacia sus compromisos a largo plazo?
- ¿Su palabra es su aval?
- ¿Hace algo más que su obligación?

El magnate estadounidense de los moteles, Cecil B. Day, se oponía a todo lo falso. Rehusaba alterar los acuerdos verbales al cerrar transacciones inmobiliarias, incluso cuando las alteraciones eran legalmente permisibles y lo beneficiarían. Ese tipo de fidelidad no pasa inadvertida.

Las personas no seguirán voluntariamente a un líder informal. Quieren alguien en quien puedan confiar.

Las personas no seguirán voluntariamente a un líder informal. Quieren alguien en quien puedan confiar. Este tipo de amor en el líder hace que otros deseen seguirlo. El amor consigue lo que la fama, la fuerza, el músculo o la manipulación no pueden alcanzar.

Resumen

El amor no es un sentimiento, sino un acto de la voluntad con el que un líder procura el máximo beneficio para otros.

El liderazgo mediante el amor funciona, porque aborda la manera práctica de forjar buenas relaciones con quienes lo rodean. El sentido común induce al líder a introducir el amor en su liderazgo. Funciona en los negocios y en la política, en las profesiones y en la enseñanza, en la iglesia y en el hogar.

Pero el amor exige cosas. No podrá sustentar el tipo de generosidad que exige el amor a menos que usted tenga un sentido fuerte de seguridad personal, enraizado en el amor de otros que le son cercanos y, sobre todo, en el amor de Dios.

Al final, el amor consiste en tomar decisiones visionarias, en desarrollar el contentamiento interior, en ser flexibles al avanzar hacia nuestras metas. Consiste en dominar nuestro temperamento, en manifestar una amabilidad genuina en nuestro trato con los demás, en tener la reputación de elegir lo bueno y de demostrar una confiabilidad total.

El amor hace que el liderazgo sea influyente. La organización empresarial puede soportar un número ilimitado de estos líderes. Como líder, usted dispone de una oportunidad muy grande de contribuir a marcar el curso de este mundo cambiante, en la dirección correcta. En este proyecto, el amor constituye uno de sus recursos más poderosos.

Paso 4

Sea humilde y recto

James Riady rompe el molde del liderazgo empresarial. Uno de seis hermanos en la familia Riady, trabaja como director ejecutivo del grupo empresarial *Lippo Group*, y como presidente adjunto de la Cámara de Comercio de Indonesia.

Hoy día, el *Lippo Group* es propietario de 48 escuelas. Planean construir un campus universitario en Singapur con capacidad para 35.000 alumnos. Son propietarios de cuatro hospitales y, en los próximos años, construirán quince más, todos en Indonesia. Han construido dos de los edificios de apartamentos más altos de ese país, con 52, y 42 pisos respectivamente. Y poseen el centro comercial más grande: 550.000 metros cuadrados, con un estacionamiento subterráneo para 5.000 coches.

James Riady comenzó su relación con Cristo en 1990. Las quince personas de su círculo íntimo en la empresa son cristianas. Se reúnen una vez por semana para resolver los asuntos que trascienden el mundo de los negocios.

James comenta que se concentra en las diez decisiones más importantes que influirán en la empresa cada año, otra disciplina que le permite delegar el negocio a su equipo de líderes y dar prioridad a sus intereses benéficos.

Lo más notable es que cada jueves este miembro de la elite empresarial indonesia compra un billete de avión de clase económica y viaja a otra ciudad del país para extender el evangelio. Pasa la noche en el hogar de una familia de clase baja y dirige un estudio bíblico el viernes por la mañana, abierto a quienes deseen asistir.

¿Por qué lo hace? Porque se niega a permitir que los privilegios de la riqueza lo separen del mundo real, en el que la mayoría tiene que sobrevivir con recursos limitados. Ha adoptado la decisión visionaria de practicar la humildad.

No para los pusilánimes

Laotsé, el filósofo chino de la Antigüedad, hizo una observación sabia sobre el líder exitoso:

- Hace las cosas sin el deseo de controlar.
- Vive sin pensar en la propiedad privada.
- Da sin esperar nada a cambio.
- Como no exige la alabanza de nadie, todos lo alaban.

Los líderes influyentes están dispuestos a poner en práctica este precepto.

Por ejemplo, en cierta ocasión, Abraham Lincoln firmó una orden por la que transfería ciertos regimientos del ejército de la Unión. Edwin Stanton, secretario de guerra, convencido de que el presidente había cometido un grave error, se negó a ejecutar la orden.

"¡Lincoln es un necio!", bramó.

"Si Stanton dice que soy un necio, seguramente lo seré, porque casi siempre tiene razón".

Cuando Lincoln se enteró del comentario de Stanton, contestó: "Si Stanton dice que soy un necio, seguramente lo seré, porque casi siempre tiene razón. Voy a examinar el asunto para verlo por mí mismo".

Y eso fue lo que hizo. Cuando Stanton lo convenció de que la orden era un error, Lincoln la derogó tranquilamente.

No cabe duda de que Lincoln era humilde. ¿Era "humilde y recto"?

Se trata de uno de los casos más difíciles que podamos imaginar. A nivel operativo, Lincoln había tomado una mala decisión, y Stanton, que estaba bajo su mandato, lo afirmó alto y claro.

A primera vista, "humilde y recto" hubiera significado que Lincoln cediese ante Stanton, aun sabiendo que este se equivocaba al rehusar una orden de su superior. Muy a menudo, los líderes influyentes *tienen* razón en las cuestiones operativas, simplemente porque su trabajo consiste en mantenerse un paso por delante de todos los demás.

Pero eso no es lo que sucedió en este caso. Para Lincoln, tener razón no significaba resolver acertadamente todas las situaciones. Cometía errores, como todo el mundo. Tener razón significa que separaba su ego de su toma de decisiones y que seguía el mejor consejo disponible, incluso si este contradecía su propia intuición. Era humilde *y* era recto.

Esto explica en parte la grandeza de Lincoln. Superó la sensibilidad a las opiniones ajenas. No se lo podía ofender fácilmente. Recibía agradecido las críticas. De esta manera, demostró una fortaleza que pocos líderes pueden alcanzar.

Si usted espera elevar su potencial como líder, hará bien en aceptar la crítica con tranquilidad y simpatía.

Contrariamente a lo que sostiene la opinión popular, la humildad proporciona una fuerza flexible al liderazgo. Si usted espera elevar su potencial como líder, hará bien en aceptar la crítica con tranquilidad y simpatía. Esta forma de proceder fortalece su espíritu, añade énfasis a sus palabras y se gana el respeto de los demás.

Ser "humilde y recto" no lo convierte en un ratón, lastrado por el peso de su propia inferioridad. En su vida moral, el líder influyente puede manifestar el coraje de un león y la fuerza de un gigante. Sin embargo, no se engaña. No considera que los demás sean más grandes o poderosos que él ni tampoco se siente superior a nadie. Mantiene las cosas en la proporción correcta.

Esto supone una protección útil contra el orgullo y la arrogancia. El líder influyente rechaza la actitud distante. Sus seguidores ven su actitud de ayuda y cortesía. Sin pretender ser autosuficiente, admite sus propios dones, recursos y éxitos. Su confianza descansa en el conocimiento de que disfruta de paz consigo mismo y con Dios.

La mayoría de los líderes debe cumplir un papel ceremonial. El líder debe recibir y atender a los dignatarios que lo visiten. El líder representa a sus seguidores en las reuniones oficiales; recibe honores en nombre del grupo. Por tanto, cuando los oficiales estadounidenses de Washington reciben al primer ministro de la India, por medio del trato que le dispensan manifiestan el respeto que los Estados Unidos siente por ese país.

La falsa humildad funciona pocas veces, porque las personas detectan el orgullo en muy poco tiempo, por mucho que usted procure ocultarlo.

En tales circunstancias, un líder puede volverse enseguida egoísta y consciente de su propia importancia. La humildad exige disciplinarse constantemente. Como escribió el poeta británico Samuel Taylor Coleridge: "El pecado favorito del diablo es el orgullo que imita a la humildad".

Esa falsa humildad funciona pocas veces, porque las personas detectan el orgullo en muy poco tiempo, por mucho que usted procure ocultarlo. Por el contrario, los líderes influyentes no necesitan depender de sus éxitos para obtener la aprobación de otras personas. Otorgarán el crédito en su justa medida, exactamente cuando se merece. Ni hincharán sus propios logros ni tampoco les restarán importancia en público.

Después que una cantante de ópera haya deleitado a su audiencia con un recital glorioso, ¿cómo podría decir: "He cantado fatal y no merezco la ovación"? Acepta los aplausos, pero también admite el papel que otros han desempeñado en su éxito: los padres que abonaron su talento, los maestros que lo pulieron, los amigos y profesionales que la han ayudado a desarrollar su carrera, el Dios que creó la voz humana.

Hace falta mucha fuerza para caminar con humildad. En nuestro estado natural, como discípulos de Jesús, sentimos un impulso constante de compararnos con otros. De todos los pasos que llevan a la toma de decisiones visionarias, la humildad plantea el máximo reto.

¿Por qué la humildad es importante en las organizaciones?

La humildad puede parecer un lujo en el ámbito del liderazgo empresarial o político, una actitud que pueden permitirse algunos líderes de alto nivel porque ya no necesitan demostrar su valía. Pero la humildad es la clave para el liderazgo influyente, porque produce resultados.

La humildad gana el respeto de otros

La humildad fomenta la influencia del líder porque las personas lo siguen con mayor entusiasmo cuando se dan cuenta de que tiene motivos altruistas y dignos. Esto produce un resultado práctico: el líder que actúa con humildad se acerca más a la consecución de sus objetivos. ¿Por qué? Porque los objetivos del liderazgo conllevan el mayor beneficio para el grupo, no el endiosamiento del líder. La humildad permite al líder alcanzar la plenitud al ver cómo el grupo avanza hacia la meta que se ha fijado. Los líderes carentes de esta característica pronto pierden credibilidad.

La humildad fomenta la calma

El mundo empresarial, en especial, fomenta la competitividad, la actividad frenética, la confusión, la incertidumbre, la preocupación y el temor. Dentro de semejante contexto, la autosuficiencia es un valor preciado. Sin embargo, esta no proporciona tranquilidad ni fuerza. Comparemos a los líderes cuya humildad les permite manifestar serenidad, tranquilidad y compostura. No son engreídos ni les afectan las críticas. Tienen demasiado entre manos para pensar en ofensas, reales o imaginarias.

Tomemos, por ejemplo, el caso de una alumna del Instituto Haggai, la Dra. Elaine Felix, pediatra en el Mato Grosso brasileño. Cada semana, esta mujer tan cualificada sale de la ciudad para dedicarse a su ministerio médico en el Pantanal, un área amplia y pobre que, durante medio año, padece tremendas inundaciones y a la que solo puede llegarse en barca.

Hace algunos años, un grupo de estadounidenses fue a visitarla; entre ellos figuraba el escritor John Grisham. Está claro que Felix y su ministerio lo impactaron, porque su siguiente novela, *El testamento*, incluye a un personaje llamado Rachel Lane que trabaja como misionera médica en los lugares más remotos del Brasil y quien, como la Dra. Felix, es una mujer entregada, fuerte y humilde.

La humildad genera progreso

Con demasiada frecuencia, los pensadores superficiales vinculan la humildad con el letargo, la apatía, la indecisión y la inactividad. Nada dista más de la verdad. En lugar de limitar al líder, la humildad ampliará su vida. Lo guiará hacia el aprendizaje, la fe y el servicio.

La humildad produce una ampliación de la vida, porque la persona humilde siente contentamiento esté donde esté.

Como el líder humilde no pretende ser autosuficiente o conocer todas las respuestas, los demás le proporcionan información. La humildad no conduce a que se marchite o se ignore la cualidad de persona. Por el contrario, abre la puerta a la expansión de la personalidad y de la individualidad. La humildad produce una ampliación de la vida, porque la persona humilde siente contentamiento esté donde esté. Esto quiere decir que a menudo rinde más en el trabajo y recibe ascensos más merecidos.

La humildad sustenta el éxito

El difunto sir John Templeton, que llevó al mundo financiero al foro internacional, escribió un libro titulado *The Humble Approach* [Acercamiento humilde]. En las numerosas visitas que tuve con él, tanto en Atlanta como en las Bahamas, insistió en que el orgullo no tenía cabida en las inversiones. Me dijo que normalmente perdía un 40% de sus negocios.

Este líder mundial demostró la verdadera fortaleza de la humildad.

Richard Russell, veterano observador del mercado y experto en la Teoría Dow, suele hablar sobre la necesidad de ser humilde cuando se comercia. No importa cuán bueno sea su análisis: cuando usted tiene el mercado en contra, no puede ganar. Pretender forzar el comercio, insistir en que tiene la razón, puede suponer una pérdida importante. Necesita humildad.

En general, pretender que usted sabe algo —cuando de hecho sabe menos de lo que debiera— crea una tapadera peligrosa para la ignorancia y la confusión. Levanta una barrera para el progreso intelectual. El líder influyente reacciona como Isaac Newton, el hombre que descubrió la fuerza de la gravedad. Cuando contemplaba los años de su juventud, Newton dijo: "El gran océano de la verdad se extendía ignoto ante mis ojos".

Como la erudición, el liderazgo requiere apertura, no dogmatismo. El hombre que lo sabe todo no aprende nada. Solo la actitud humilde prepara el terreno para el conocimiento y las habilidades que conducen al éxito.

Decisiones visionarias que le ayudan a ser humilde y recto

Si usted quiere perder peso, se pone a dieta. Si quiere saber más sobre historia, consulta libros y asiste a conferencias. Pero ¿cómo volverse más humilde? Los humildes no *se consideran* humildes. De hecho, en el momento en que piense que es humilde, seguramente se felicitará y caerá en un orgullo consciente.

En el momento en que piense que es humilde, seguramente se felicitará y caerá en un orgullo consciente.

La humildad requiere iniciativas concretas. Comprométase a tomar decisiones visionarias que le ayuden a ser "humilde y recto".

1. Sea humilde y recto al centrarse en la acción, no en la actitud

En el capítulo sobre la fijación de metas, hablé de las metas intangibles. Aumentar el grado de humildad equivale a una meta intangible. Solo se puede llegar a ella eligiendo objetivos concretos que lo lleven en la misma dirección. Si usted lleva a cabo las acciones, su actitud irá equiparándose lentamente.

Empecé este capítulo con la historia de James Riady. Aquí tenemos a un exitoso hombre de negocios, cuya toma de decisiones visionarias incluye el compromiso regular de participar en actividades que muchos de sus iguales considerarían impropias de su estatus social. Por lo que sé, James Riady jamás ha "intentado ser más humilde". Sin embargo, su toma de decisiones ha alcanzado esa meta.

Hace unos años, un hombre de negocios que había alcanzado una elevada posición ejecutiva en una empresa petrolífera internacional asistió a la primera reunión del Instituto Haggai. Cuando llegó al aeropuerto, Ernest Watson, que entonces era decano del Instituto, fue a recibirlo y estuvo con él en la zona donde se busca el equipaje.

> *Ser humilde y recto lo induce a pasar inadvertido, a no proclamar sus méritos y soportar las ofensas, los insultos y las acusaciones falsas con miras a alcanzar un propósito más importante.*

El ejecutivo de la petrolera se volvió hacia el Dr. Watson y le preguntó: "¿Dónde está el mozo que me llevará el equipaje?".

Sin responderle, el Dr. Watson, un hombre que en aquel entonces tenía sesenta y seis años y era un líder mundial reconocido, sonrió y tomó la maleta él mismo.

Cuando llegaron a la habitación del hotel, aquel señor se lamentó: "En mi habitación, sólo hay un vaso, y necesito dos".

Pacientemente y sin refutarle, el Dr. Watson le consiguió un segundo vaso. Durante las sesiones, aquel ejecutivo llegó a comprender el poder de la humildad, porque la había visto expresada en actos.

2. Sea humilde y recto al trascender las rivalidades

Uno de los requisitos más difíciles de la humildad es la voluntad de no vengarse.

Cuando lo hieran o insulten, sentirá una tremenda presión para devolver el golpe. Pero el líder influyente se aleja del insulto y actúa por el mejor interés del agresor. Esto puede significar que no querrá discutir con otros conductores cuando vaya por la carretera y que no permitirá que la conducta provocadora en el trabajo lo incite a pelearse con nadie. Ser humilde y recto lo induce a pasar inadvertido, a no proclamar sus méritos y soportar las ofensas, los insultos y las acusaciones falsas con miras a alcanzar un propósito más importante.

De forma parecida, el líder influyente nunca criticará a otros de modo que él parezca superior, ni siquiera por implicación. A menudo las personas piden consejo a los líderes. Con demasiada frecuencia, estos responden como si lo supieran todo y fingen tener una comprensión global que no tienen.

3. Sea humilde y recto ayudando en las tareas ordinarias

En la Última Cena, no acudió ningún siervo o esclavo para lavar los pies de los invitados, un ritual tan importante como lo es hoy limpiarse la suciedad de los zapatos. Pedro no se ofreció a hacerlo, ni tampoco Juan. Nadie quería hacer el trabajo de un siervo.

Así que nuestro Señor dejó a un lado sus vestiduras externas y se envolvió una toalla a la cintura. Luego vertió agua en un recipiente y fue de un apóstol a otro, lavándoles los pies (Lc. 22:27; Jn. 13:2-17).

Incluso los incrédulos alaban a Jesús como el mayor líder que haya existido. Sin embargo, Él invirtió repetidas veces nuestras expectativas sobre el liderazgo mediante una humildad que resultaba impactante para sus coetáneos.

Como escribí al principio de este capítulo, James Riady se ha tomado esto en serio. Sabe que la humildad es un ejemplo chocante. También sabe que mantiene a raya el orgullo humano y, por lo tanto, contribuye a su propio dominio de sí.

4. Sea humilde y recto al tratar a todos como a iguales

Jesús mostró su humildad al recibir a los jóvenes y a los marginados. Demostró su aprecio por la ofrenda más pequeña y el servicio más sencillo (ver Mt. 10:42). Y no eligió a sus discípulos consultando el *Who's Who* [Quién es quién] de Palestina.

De hecho, en 1 Corintios 1:26-27, Pablo dice: "…no sois muchos sabios según la carne, ni muchos poderosos, ni muchos nobles; sino que lo necio del mundo escogió Dios, para avergonzar a los sabios; y lo débil del mundo escogió Dios, para avergonzar a lo fuerte".

El líder influyente respeta a todos,
independientemente de su posición.

El líder influyente respeta a todos, independientemente de su posición. Se trata simplemente de una buena gestión de las relaciones, lo cual contribuye a evitar que se pasen por alto las verdaderas capacidades.

5. Sea humilde y recto al abordar todas las facetas de la vida

Usted no puede ser humilde y recto en un área de su vida sin abordar todas las demás. Por lo tanto, fíjese en todo lo que hace y pregúntese qué decisiones visionarias planea tomar.

- *Socialmente*, ser humilde y recto significa poner a los demás antes que a uno mismo. Vea la película que ha elegido otro, no la que quería usted.
- *Intelectualmente*, significa tomar en serio las ideas y

opiniones de otros. ¡A veces sus propias ideas no son las mejores!

- *Económicamente*, conlleva priorizar dar en vez de gastar en uno mismo. Como dijo una vez Juan Wesley: "Gane todo lo que pueda y ahorre todo lo que pueda para dar todo lo que pueda durante todo el tiempo que pueda".
- *Físicamente*, significa mantener y optimizar su salud a largo plazo, en lugar de castigar su cuerpo para obtener un beneficio a corto plazo. Descansar lo suficiente constituye una elección estratégica.

6. Sea humilde y recto al dedicar tiempo a Dios

Las acciones pesan, se perciben, hablan más fuerte que las palabras. En este sentido, el líder influyente se comunica incluso sin abrir la boca. No se pelea, muestra amabilidad a todos, no solo a quienes actúan educadamente con él. Es paciente y comparte la verdad con amor.

El primer camino a la humildad exige hacer de Cristo el Señor de su vida.

El primer camino a la humildad, por consiguiente, exige hacer de Cristo el Señor de su vida. Aunque usted solo nace de nuevo una vez, debe renovar constantemente su compromiso de entregarse al señorío de Cristo, porque la voluntad ególatra del hombre siempre se esfuerza por destronar a Cristo y gobernar su vida.

Esto exige un compromiso respecto del tiempo.

Jesús se retiraba frecuentemente a lugares apartados donde orar, sometiéndose como Hijo a Dios Padre: "Levantándose muy de mañana, siendo aún muy oscuro, salió y se fue a un lugar desierto, y allí oraba" (Mr. 1:35). Tras alimentar a los cinco mil, dijo a sus discípulos que subieran a una barca y cruzasen el mar de Galilea, mientras Él despedía a la multitud. "Y después que los hubo despedido, se fue al monte a orar" (Mr. 6:46).

La obediencia a Cristo constituye, quizá, la decisión visionaria más importante para la humildad.

El profesor sosegado

El profesor Eliseo Pajaro, de Manila, Filipinas, era un líder notable. Desde su infancia, Pajaro se había destacado por su talento musical, una auténtica promesa. Se convirtió en un hombre encantador, con éxito y una gran profundidad espiritual. Obtuvo su doctorado en la Escuela de Música Eastman, en Rochester, Nueva York, y poco después obtuvo una plaza como profesor en la Universidad de Filipinas.

En 1959, Pajaro se convirtió en el primer filipino que recibió una beca de la Fundación Guggenheim, para estudiar un año en los Estados Unidos. Durante esa época, compuso una ópera, que obtuvo la Medalla Presidencial al Mérito filipina. Dos veces recibió el Premio del Patrimonio Cultural de la República. Toda su vida adulta estuvo llena de honores.

El Dr. Pajaro era profesor, compositor, director y músico, pero, por encima de todo, un líder con un lugar permanente en la historia, la cultura, la música y la espiritualidad filipinas.

Un año antes de su muerte, asistí a una cena en la que figuraban algunos de los máximos personajes de la elite filipina: representantes del gobierno, las academias, los tribunales, la Iglesia, el mundo de la medicina, los medios de comunicación y el ámbito empresarial internacional.

Me sorprendió la manera tan discreta en que el Dr. Pajaro se sentó en una de las sillas de la última fila. Las personas se acercaron presurosas a sentarse a su lado. Su rostro, con una expresión maravillosa y accesible, revelaba su respuesta de corazón a todos los oradores. Su esposa, también profesora universitaria jubilada y alumna del Instituto Haggai, tuvo un papel importante en el programa. Él sonreía encantado. Más tarde se vio rodeado por muchos de aquellos líderes tan famosos. Todos querían hablar con él.

Seguro que al Dr. Pajaro nunca se le habría pasado por la cabeza decirle a nadie que era humilde. Un hombre humilde no se concentra en su humildad. Cuando lo felicité por sus éxitos, me dio las gracias. No los negó, pero dejó claro que Dios lo había bendecido de tal manera que debía honrarlo con su talento. Su pasión silenciosa era usar su don para la gloria de Dios.

La influencia de Eliseo Pajaro permanece mucho después de su muerte, independientemente de cualquier programa de relaciones públicas o campaña de mercadotecnia. Tuvo la humildad de un líder influyente.

Resumen

La humildad invade la conciencia del líder influyente.

Este se somete voluntariamente a otros y es ayudador y amable. Decide, de forma visionaria, admitir su necesidad de otros, pero sin subestimar sus propios dones, recursos y éxitos. Sabe que siempre tiene razón al confiar en su propio juicio. Pero no depende de que los demás cedan siempre ante él, y acepta que ser "recto" incluye, en ocasiones, la aceptación de la sabiduría de otros, antes que la propia opinión.

Los líderes influyentes no adoptan el camino fácil de asumir una falsa humildad. La persona con falsa humildad se engaña a sí misma, pero raras veces engaña a otros, y a la mayoría le desagrada instintivamente los pedantes y arrogantes, quienes se alaban a sí mismos.

Aunque el término *humilde* tiene connotaciones engañosas, el líder influyente considera que actuar con humildad da como resultado mayor respeto, serenidad, plenitud de vida y éxito. Por ese motivo, los líderes influyentes toman la decisión visionaria de esquivar el elitismo, la intolerancia, la diferencia de clases y la imagen de ser una persona exitosa. La esencia de la humildad se manifiesta en la disposición de servir a otros. Esto encarna la humildad en actos concretos que se pueden planificar, realizar y medir.

Paso 5

Viva sin concesiones

"Al leer las vidas de los grandes hombres —escribió el presidente Harry S. Truman—, descubrí que la primera victoria que obtuvieron fue sobre sí mismos... para ellos, lo primero era la autodisciplina".

En 1945, el mismo año en que Truman llegó a la presidencia, algunos de los intelectuales más importantes del mundo se reunieron en un auditorio atiborrado en la Universidad Baylor para escuchar a un joven llamado Bron Clifford. El presidente de la universidad, Pat Neff, un destacado orador y ex gobernador de Texas, había ordenado que se desconectasen los timbres de la universidad, para que Clifford no se sintiera presionado por el tiempo. Clifford mantuvo hipnotizado al auditorio durante dos horas y quince minutos.

A la edad de veinticinco años, el joven Clifford tocó más vidas, influyó en más líderes y batió más récords de asistencia que la mayoría de los oradores en toda la historia de los Estados Unidos. Los líderes nacionales competían por atraer su atención. Era alto, guapo, inteligente y elocuente. Hollywood lo invitó a hacer una prueba para desempeñar un papel en una película importante. En la década de 1940, su sueldo era de $10.000 semanales, lo cual equivale a más de $200.000 semanales de hoy día. Parecía que lo tenía todo.

Menos de diez años después de aquella reunión en Texas, Clifford se estaba muriendo. Había abandonado a su esposa con sus dos hijos, ambos con síndrome de Down. Se había dado a la bebida. La cirujana

Ernestina Smith había sometido a Clifford a una operación exploratoria. Sabiendo que le quedaba poco de vida, la doctora pidió al pastor de su iglesia que lo visitara. Carl E. Bates se quedó atónito al encontrar a Clifford en una habitación mugrienta de un motel de tercera categoría situado en el margen occidental de Amarillo, Texas. La cirrosis le había dejado casi postrado, no podía continuar con su último trabajo como vendedor de camiones para *Plains Chevrolet*.

A pesar de su enorme promesa, Bron Clifford murió sin que nadie lo llorase, sin honor, olvidado. Tenía dones impresionantes, pero le faltaba la única cualidad esencial para ser un líder perdurable: la capacidad de vivir sin hacer concesiones.

El hombre que sabía lo que quería

Comparemos a Bron Clifford con el agrónomo negro George Washington Carver.

Carver también era estadounidense, pero no disfrutó de ninguno de los privilegios de Clifford. Nació de padres esclavos y de niño vio cómo una pandilla de racistas mataba a golpes a un negro y quemaba su cuerpo en la plaza pública. A pesar de obtener notas académicas excepcionales, el presidente de la Universidad Highland lo rechazó con las palabras: "No aceptamos a negros".

Carver se matriculó en el Simpson College. Sus cuadros de flores ganaron varios premios en la *World's Fair Columbian Exposition* [La feria mundial de exposición de Columbia]. Su genio como músico le proporcionó una beca para el Conservatorio de música de Boston. Pero optó por especializarse en química agrícola.

"Puedo servir mejor a mi raza con la agricultura —dijo—. Quiero ayudar al hombre que está más abajo, el negro, enseñándole a ayudarse a sí mismo".

Tras rechazar un cargo de prestigio en la Universidad de Iowa, hizo las maletas y se fue al Instituto Tuskegee, donde dedicó su vida a la investigación agrícola que pudiera beneficiar a su comunidad.

> *George Washington Carver pudo haber sido millonario, pero nunca renunció a su visión.*

El inventor Thomas Edison le ofreció un sueldo de seis cifras. Una empresa de cauchos y otra química le ofrecieron cheques en blanco para que trabajase para ellos. Pero Carver se negó a abandonar su misión. Se quedó en Tuskegee, donde cobraba $1.500 al año.

Carver pudo haber sido millonario, pero *nunca* renunció a su visión. Se lo ha definido como "el mago de la química agrícola", y sigue siendo uno de los pocos estadounidenses a quien se le otorgó la membresía de la *London Royal Society* [Sociedad Real de Londres] en la categoría de fomento de las artes, las manufacturas y el comercio.

Vivir sin hacer concesiones no es abstinencia

En los manuales sobre el mundo empresarial, usted no leerá mucho sobre el dominio propio. Sin embargo, hacer concesiones ha perjudicado la vida y las perspectivas de numerosos líderes.

> *Adoptar la decisión visionaria de no hacer concesiones significa someter a disciplina toda su vida.*

El dominio propio da como resultado que usted lidere su carácter de manera exitosa. La mayoría piensa que consiste en dominar los malos hábitos: fumar, pelearse, abusar de las drogas, beber en exceso. Pero si usted no puede controlar todo su ser, nunca controlará las áreas que le parece que "van mal". Adoptar la decisión visionaria de no hacer concesiones significa someter a disciplina toda su vida.

El término griego para autocontrol procede de una raíz que significa "aferrar" o "sujetar algo". Describe la fuerza de la persona que se sujeta firmemente a sí misma, que mantiene el control pleno de su ser. Se aplica, por ejemplo, a los atletas, que se preparan para los grandes acontecimientos deportivos mediante la regulación cuidadosa de todas las facetas de su vida: comer, dormir y entrenarse.

Aristóteles usaba esta misma palabra para describir "la capacidad de contener los deseos mediante la razón... ser resuelto y estar siempre dispuesto a resistir las carencias naturales y el dolor". Explicó además que el hombre dotado de autocontrol aún siente deseos y puede sentirse tentado a abandonar el camino de la razón; pero mantiene sujeto el deseo, como se sujeta un perro grande con una correa.

Los líderes que buscan el autocontrol deben eludir la negatividad. La persona que dice constantemente "No debo hacer esto, no debo hacer aquello" se perjudica a sí misma, centrándose en lo que *no quiere* hacer. De esta manera, graba en su mente precisamente aquello de lo que quiere separarse. Debería visualizar el éxito futuro, no los fracasos actuales.

Los ganadores tienen autocontrol

El autocontrol es importante para los líderes. Sin él, el líder reduce su eficacia y pierde el respeto de sus seguidores. Con él, las personas lo consideran como alguien que tiene una determinación y una fortaleza admirables.

La Guerra Civil británica reunió a dos líderes de caballería, adversarios pero dotados de una gran destreza y valor. Sin embargo solo uno de ellos tenía autocontrol. En la batalla, el príncipe Rupert, comandante apuesto y carismático, condujo a sus hombres en una carga contra las picas y armas de fuego del enemigo. Atravesaron con éxito la línea, pero el príncipe Rupert, pensando que la batalla había concluido casi del todo, siguió cabalgando para que él y sus hombres pudieran saquear el campamento enemigo. Cuando regresó, se quedó atónito al ver cómo su ejército se retiraba en desorden.

Al otro lado del campo de batalla, Oliver Cromwell había hecho algo parecido. Pero Cromwell sabía que no debía ceder al deseo de botín. En cuanto rompió la línea enemiga, reunió a sus hombres, se dio la vuelta y atacó la infantería enemiga desde atrás. Su autocontrol, y su capacidad para que sus tropas lo imitaran, le proporcionó la victoria.

Es posible que una batalla que se libró hace trescientos años no parezca el modelo más idóneo para el liderazgo moderno, pero encontrará exactamente el mismo principio operante en las salas donde se negocian los mercados de valores mundiales. El operador que mantiene la concentración y el autocontrol, que no permite que las pasiones del momento lo aparten de su objetivo a largo plazo, siempre superará a un competidor brillante, pero indisciplinado.

El éxito de Cromwell tuvo otro componente. Mucho antes de llegar al campo de batalla, insistió en que sus señores políticos pusieran a disposición del ejército los fondos necesarios. Insistió en que sus hombres recibieran alimentos suficientes, una paga correcta y un armamento eficaz. El príncipe Rupert utilizó métodos más pasados de moda y menos fiables. Y la diferencia se hizo notar.

El líder vive en el futuro.

Cromwell fue un gran líder porque sabía anticipar las necesidades del mañana y satisfacerlas hoy. Eso no es fácil. El líder eficaz tiene una visión clara de dónde estará su grupo dentro de tres años. El líder vive en el futuro. Junto con sus ayudantes más importantes, planifica activamente programas que cumplan esa misión u obtengan lo necesario para ella. Pero el autocontrol a veces requiere que usted invierta antes de tiempo, contradiciendo las prioridades del presente.

El liderazgo exige tener la cabeza clara. Mientras otros reaccionan a lo que ven, el líder influyente responde a la situación real: la dirección de las tendencias a largo plazo.

Muchas empresas, por ejemplo, se buscan problemas al pedir préstamos para expandirse en una economía en auge. Abarcan más de lo que pueden y luego, cuando estalla la burbuja, descubren que están cargadas de deudas que no pueden pagar. El líder influyente se manifiesta por resistirse a la tentación de obtener beneficios a corto plazo. Esto requiere autocontrol. También exige —como descubrió Cromwell en el campo de batalla— la capacidad de hacer que otros entiendan que ese control arroja beneficios más considerables.

El fundador de ciudades

Antes mencioné al empresario James Riady. Su padre, Mochtar Riady, de la etnia chino-indonesia, siempre tuvo el sueño de trabajar en un banco. Hace cincuenta años, los indonesios no permitían que los miembros de la etnia china trabajaran en cargos de prestigio. Riady nunca perdió su objetivo ni flaqueó en su determinación de meterse en el negocio del banco.

Mientras esperaba, se dedicó a reparar bicicletas. Luego las vendió. Llegó un día en que le dieron un trabajo de poca monta en el banco. Trabajó ferviente y fielmente, mientras al mismo tiempo seguía estudiando. Mantuvo este ritmo increíble hasta que obtuvo un doctorado.

Al final fundó el ahora famoso Lippo Bank y la Lippo Insurance *Company*. Desarrolló un negocio multinacional que abarcó muchas áreas distintas, incluidos la construcción, el negocio inmobiliario, la enseñanza y la mercadotecnia.

En un período inferior a tres años, él y su hijo James convirtieron una parcela de seiscientos acres en una "ciudad del mañana". Muchos analistas empresariales de todo el mundo han considerado que Lippo City es la ciudad más avanzada de Asia. Algunos la consideran la más avanzada del mundo.

Mochtar Riady dispuso que sus hijos recibieran la mejor educación posible. También les ofreció una experiencia práctica valiosa dejándolos trabajar en instituciones financieras, aseguradoras y de la propiedad.

Más de una vez puso toda la carne en el asador, exponiéndose a lo que pudo haber sido una catástrofe económica.

Durante todo ese tiempo, trató a las personas con equidad y se aseguró de que disfrutaran de beneficios extra gracias a la vinculación con su empresa.

Cuando adquirió los seiscientos acres, hizo lo necesario para que todas las personas de la zona recibieran mejores viviendas de las que tenían antes y las oportunidades de trabajo que antes se les habían negado.

Construyó un hospital para trescientas camas, un hotel de cuatro estrellas y viviendas que están al nivel de los distritos residenciales más prestigiosos de cualquier ciudad del mundo.

Sus hijos manifestaron una gran capacidad para los negocios, así como una astucia inusual, dotes unidas a una extraordinaria habilidad para manejar las relaciones empresariales.

En muchas ocasiones, Riady se enfrentó a la oposición. Sufrió crueles traiciones, pero nunca pareció perder su punto de vista positivo, optimista. Controló sus sentimientos y, así, controló su entorno. No permitió que este lo controlase a él.

Durante un período de inquietudes, provocado por lo que muchos ciudadanos indonesios consideraban la corrupción, algunos descargaron su ira sobre Riady. Los perjuicios para Lippo City ascendieron a millones de dólares. Sin embargo, nunca le oí quejarse. Seguro que le invadió una gran tristeza cuando algunos de aquellos a los que libró de la pobreza empezaron a saquear sus tiendas y fábricas.

Una y otra vez, líderes competentes se han arriesgado a perderlo todo debido a la falta de dominio propio.

Durante la década de 1990, cuando los políticos y los expertos insultaron a su familia, los Riady se limitaron a poner su confianza en Dios y a esperar con paciencia, hasta que por fin surgió la verdad.

Mochtar Riady demuestra el beneficio cotidiano del autocontrol.

Cómo hacer concesiones… y perder

Una y otra vez, líderes competentes se han arriesgado a perderlo todo debido a la falta de dominio propio. Esto puede suceder en muchas áreas:

- Algunos líderes permiten que la codicia y la

extravagancia los influyan para malversar dinero o robar a su organización.

- Algunos se han visto atraídos por tentaciones sexuales que destruyen la estabilidad de su familia y su credibilidad.
- Algunos líderes son indiscretos al hablar, lo cual cuesta a otros líderes el respeto de sus seguidores y la pérdida de información confidencial.
- Algunos líderes ceden a la gula o al abuso del alcohol, destruyendo sus carreras y arruinando su salud.
- Algunos son víctimas del orgullo y la autoindulgencia, perdiendo su buen juicio y su capacidad de tomar decisiones correctas.

Tendemos a pensar que estas son situaciones extremas que afectan a unos pocos individuos insensatos. Sin embargo, en la realidad todos los líderes son susceptibles de caer en ellas. El privilegio y una sensación de soledad hacen que los líderes sean blancos especialmente vulnerables.

Y esta ausencia de dominio propio acumulará presión sobre su liderazgo mucho tiempo antes de destruirlo. La mayoría de los líderes no malversa grandes cantidades de dinero, pero muchos son demasiado liberales con su cuenta de gastos. La mayoría no son glotones, pero muchos comen demasiado y hacen muy poco ejercicio.

El autocontrol no desaparece de la noche a la mañana. Se va esfumando poco a poco bajo la presión constante de un estilo de vida desatendido. La paradoja radica en que esta erosión del dominio propio suele darse, muy a menudo, en aquellas áreas en las que usted piensa que es más fuerte, las que le proporcionan más confianza y seguridad.

El autocontrol no desaparece de la noche a la mañana. Se va esfumando poco a poco bajo la presión constante de un estilo de vida desatendido.

Cuando el líder no tiene control sobre su propio espíritu, aun los obstáculos más pequeños empezarán a molestarle. Los atractivos más ruines empezarán a llevarlo a los callejones secundarios de los factores triviales que destruyen el liderazgo. Las provocaciones más nimias comenzarán a enfurecerlo.

Víctima de sus propias pasiones desordenadas, y convirtiendo en un hábito su olvido del autocontrol, el líder acaba perdiendo la confianza de aquellos que están a su cargo. Se hunde en la más completa ineficacia. Y, lo más trágico, esa persona autocomplaciente se convierte en esclava de aquellos que tienen autocontrol.

Cómo manejar las decisiones muy estresantes

Los líderes influyentes siempre resistirán las presiones sutiles de la multitud.

John Templeton, el financiero más próspero de Wall Street en el campo de los fondos de inversión inmobiliaria, pasó un tiempo relativamente corto en Nueva York. Estableció su residencia en las Bahamas porque quería pensar sin que nadie lo influyera, aunque fuese imperceptiblemente, con la sabiduría predominante de Wall Street. Su autocontrol coherente explica por qué Templeton dejó una huella tan profunda en el mundo financiero.

El autocontrol da al líder el valor necesario para quedarse solo cuando otros cuestionan su visión. El hábito del dominio propio enseñará a un líder la importancia que tiene fiarse de sus propias evaluaciones en vez de basarse en la opinión pública. Muchos líderes tiemblan solo con pensar en la responsabilidad individual. No determinan su postura hasta que prueban, primero, la dirección del viento, consultan una encuesta popular o detectan un consenso.

La actitud de autocontrol va desarrollando un carácter firme. Nunca cuenta el número de sus compañeros ni se juzga basado en el número de sus admiradores.

La verdadera prueba del valor y de la capacidad de un líder para estar solo llega en los momentos de crisis.

Los líderes son conscientes de la importancia que tiene estar solos, porque el contacto constante con sus seguidores los debilita. Los hace descender a su nivel, adaptándose a sus hábitos y modas. Formar parte del grupo reconforta más que estar por encima de él. Sin embargo, solo distanciándose de él podrá el líder satisfacer las máximas necesidades del grupo, dándole una visión que genere cambios beneficiosos y permanentes. No quiero decir que tenga que mantenerse distante, porque esa actitud alejará a sus seguidores, pero sí debe aferrarse a su propia opinión y pasar un tiempo en soledad.

La verdadera prueba del valor y de la capacidad de un líder para estar solo llega en los momentos de crisis. Cuando se hunde el mercado, cuando expira el crédito, cuando los demás empiezan a perder los nervios y una crisis acaba con todo subterfugio, toda ambigüedad y toda fachada... en esos momentos, usted debe tener autocontrol, porque si no lo tiene, pronto se vendrá todo abajo.

Seguramente el extranjero que mayor influencia ha tenido en Shaoxing, China, ha sido Claude H. Barlow.

A principios del siglo XX, en su calidad de médico en la China, Barlow descubrió una enfermedad desconocida a la que no podía encontrar remedio. Estaba diezmando a la población. En aquella época, no existían laboratorios locales donde investigar. El Dr. Barlow llenó su libreta de observaciones sobre la enfermedad, en cientos de casos. Entonces, armado con una pequeña ampolla donde llevaba los gérmenes de la enfermedad, viajó en barco a los Estados Unidos. Justo antes de llegar se inoculó él mismo los gérmenes, apresurándose luego a ir al Hospital Universidad Johns Hopkins, donde había estudiado.

Claude Barlow era ya un hombre muy enfermo: se ofreció a sus antiguos profesores como una cobaya humana para que lo estudiasen y para que hicieran sus experimentos. Encontraron una cura, y el joven médico se recuperó. Volvió en barco a la China con un tratamiento científico para aquel azote, y salvó multitud de vidas.

Cuando le preguntaron sobre su experiencia, el Dr. Barlow respondió sencillamente: "Todo el mundo hubiera hecho lo mismo. Dio la casualidad de que yo tuve el privilegio y la oportunidad de ofrecer mi cuerpo".

No hay muchos dispuestos a ejercer este tipo de liderazgo, ni el mundo empresarial ofrece oportunidades para ello. Pero el autocontrol de Barlow sigue destacándose. Dada su meta de ofrecer una asistencia médica excelente, estuvo dispuesto a correr un riesgo extraordinario para encontrar la cura necesaria. No es extraño que su liderazgo tuviera un impacto tan profundo cuando regresó a Shaoxing.

Este tipo de liderazgo atrae a los seguidores hacia la persona del líder y lo dota de influencia.

Decisiones visionarias que le ayudan a vivir sin hacer concesiones

Como sucede con cualquier aprendizaje, el autocontrol requiere compromiso y práctica. El líder nunca estará libre de tentaciones en ningún momento de su vida. Algunos deseos son más fuertes entre los jóvenes, y otros afligen particularmente a los ancianos. La necesidad de autocontrol nunca desaparece. Por tanto, ¿cómo se puede fortalecer y desarrollar? Resuelva tomar esas decisiones visionarias para que le ayuden a vivir sin hacer concesiones.

1. Viva sin concesiones mediante la dependencia consciente de Dios

Richard Foster dice: "La fuerza de voluntad no puede defenderse de la palabra descuidada, el momento del despiste. La voluntad tiene la misma deficiencia que la ley: solo puede gestionar lo externo. No basta para realizar la transformación necesaria del espíritu interior".[16]

Una vez más, usted no puede separar los detalles prácticos del liderazgo de otras cuestiones más profundas. En última instancia, el ejercicio del autocontrol depende de algo externo a su propia mente y su corazón. Un líder que carezca de este punto de vista, y de esta disposición para admitir que debe depender de una fuerza espiritual superior y someterse a ella, nunca obtendrá el autocontrol.

2. Viva sin concesiones sometiéndose a la disciplina

Una vida caracterizada por el autocontrol empieza con una actitud de disciplina. El ejercicio regular exige disciplina. Mantener un lugar de trabajo organizado, también. Levantarse de la cama a la hora requiere disciplina, como también la exige mantener una dieta sana.

Los disciplinados en lo pequeño tienden a serlo también en lo grande.

Puede que piense que las cosas pequeñas no son importantes, pero los disciplinados en lo pequeño tienden a serlo también en lo grande. Por el contrario, quienes no tienen disciplina respecto a los detalles pequeños no la tendrán en nada.

En una época que cada vez se centra más en el consumo, la disciplina se ha convertido en algo cada vez más infrecuente. Las personas la consideran demasiado exigente, demasiado elevada y perfeccionista. Sin embargo, la disciplina —incluida la disciplina religiosa básica— arroja enormes beneficios en el liderazgo. Los líderes mediocres hacen concesiones y se entregan al lujo de las pequeñas autocomplacencias. Los líderes influyentes —de Rockefeller a Gandhi, a Mandela— hacen que la disciplina sea una prioridad de su estilo de vida.

3. Viva sin concesiones al tomar decisiones de antemano

Cuando Daniel, Sadrac, Mesac y Abed-nego fueron elegidos para recibir una educación especial en Babilonia, se propusieron en su corazón que no se contaminarían "...con la porción de la comida del rey, ni con el vino que él bebía..." (Dn. 1: 8).

Por eso, cuando se enfrentaron a la oportunidad de comer los alimentos del rey y tomar su bebida, no tuvieron que decidir bajo la presión del momento. Ya habían elegido otra cosa y sabían que no lo iban a hacer.

El dominio propio resulta más fácil cuando usted se propone en su corazón cómo actuar en determinadas circunstancias.

El dominio propio funciona mejor cuando usted toma sus decisiones antes de tiempo y vive de acuerdo con ellas.

Hace mucho tiempo, tomé la decisión visionaria de evitar que cuando compro me den cambio de más. Si compro un artículo de tres dólares con un billete de cinco, y me devuelven siete dólares, no tengo que pensar dos veces para devolver el dinero extra. Es automático. No me concedo la oportunidad de racionalizar que "la tienda vende sus productos a precios muy caros, de modo que el error equilibra las cosas".

El dominio propio funciona mejor cuando usted toma sus decisiones antes de tiempo y vive de acuerdo con ellas. En realidad, usted escribe sus pautas para vivir. Escribir e interiorizar esas normas no solo fortalece su liderazgo, sino que también le confiere una mayor confianza en sí mismo y más serenidad. Tener de su lado el poder del hábito le confiere una gran ventaja.

4. Viva sin concesiones al asumir su responsabilidad

Un amigo me contó que le resultaba imposible controlar su mal genio. Atribuía sus ingobernables estallidos de ira a sus padres y a sus abuelos. Me dijo que nadie le podía pedir a una persona como él que dominase su propio espíritu.

Le pregunté: "Si estuvieras discutiendo fuerte con tu esposa y alguien llamase a la puerta, ¿seguirías gritándole?".

No supo qué decir. Afirmar que era incapaz de tener dominio propio no era más que una excusa. El verdadero problema era su falta de voluntad para abordar su conducta antisocial. En realidad, sí podía dominarse cuando quería. Simplemente no había adquirido el hábito de gobernar su espíritu. Nunca había aceptado su responsabilidad.

Al ejercer el dominio propio, usted debe aprender a soportar todo tipo de ofensas sin vengarse. Cuando una persona furiosa empiece a insultarlo, justa o injustamente, debe recordar que la venganza solo conseguiría ponerlo al nivel de esa persona. Cuando eso sucede, usted renuncia a su liderazgo, porque ha permitido que alguien más controle sus emociones, en vez de hacerlo usted mismo.

Reflexione sobre este proverbio tan sabio: "Mejor es el que tarda en airarse que el fuerte; y el que se enseñorea de su espíritu, que el que toma una ciudad".[17]

5. Viva sin concesiones al controlar sus pensamientos

El líder influyente sabe que el autocontrol, en esencia, supone el control de los pensamientos. En consecuencia, insiste en pensar por su cuenta. Si piensa varias veces al día en su visión, su misión, sus metas y las necesidades de su grupo —sobre todo al levantarse de la cama y antes de acostarse—, mejorará mucho su ejercicio del dominio propio.

Si piensa varias veces al día en su visión, su misión, sus metas y las necesidades de su grupo —sobre todo al levantarse de la cama y antes de acostarse—, mejorará mucho su ejercicio del dominio propio.

Imagine cómo actuará cuando sea un líder dotado de dominio propio. ¿Cómo reaccionará ante las personas que se hallan en distintas situaciones? ¿Cómo contribuirá el autocontrol a sus objetivos y a su misión? Imagine a su grupo tal como lo ve dentro de un año y dentro de tres. Insertar con claridad estas imágenes en sus pensamientos le ayudará a ponerlas en práctica.

Además, medite a fondo sobre situaciones en las que ya ha demostrado dominio propio. Los atletas se entrenan de este modo. Aprenden a relajarse y a visualizar su máximo rendimiento: cómo se sintieron, qué escucharon, los olores que percibieron, el sabor del agua, del polvo o del aire. Se les dice que inserten en su cerebro todas estas impresiones, sensoriales y ricas, para que la próxima vez rindan incluso mejor. Los mejores vendedores y los oradores famosos llevan años haciendo esto.

Desarrolle su autocontrol tomando un tiempo cada día, preferiblemente a primera hora de la mañana o última de la noche, para recordar sus victorias, los momentos en que ha mantenido el dominio propio cuando su reacción normal hubiera sido la ira, el miedo o la intimidación.

Usted tiene la capacidad de someter sus pensamientos a su voluntad. Solo hay dos impulsos que ponen en marcha su mente: su propia voluntad o los estímulos externos. Examínese. Le sorprenderá descubrir con qué frecuencia la presión de otros —deliberada o no— le incita a reaccionar de un modo que, en otras circunstancias, no habría elegido.

Usted tiene la capacidad de determinar en qué piensa. Elija deliberadamente los pensamientos que quiere que dominen su mente.

Usted es el producto de sus pensamientos. Sin embargo, usted tiene la capacidad de determinar en qué piensa. Aproveche esta capacidad. Elija deliberadamente los pensamientos que quiere que dominen su mente. Con toda decisión que tome, niegue la entrada a todas las sugerencias externas que no encajen con sus valores y sus compromisos. Esto desarrollará su autocontrol y le permitirá influir en otros, en lugar de permitir que ellos lo influencien.

6. Viva sin concesiones al practicar el agradecimiento

Me fascina que, de todos los escritores del Nuevo Testamento, solo Pablo emplee el término *adversidad*. La adversidad era su disciplina constante, administrada por el Espíritu. Sin sus adversidades, podría haberse amargado, pero se regocijaba en ellas porque sabía que le habían sido dadas para su beneficio. Al final pudo decir: "…me gozo en las debilidades, en afrentas, en necesidades, en persecuciones, en angustias…" (2 Co. 12:10).

En el momento culminante de su carrera, Dios envió a Pablo "un aguijón en la carne" para que lo abofetease, para evitar que se "enalteciera sobremanera". ¡Vaya bendición!

Dios había dotado a Pablo con los dones del carácter, la energía y el poder. Poseía la capacidad de ordenar, dirigir y organizar. Tenía una mente poderosa, capaz de expresar las verdades de Dios tanto a los eruditos como a los analfabetos. Sin embargo, si no hubiera sido por la presencia de su enfermedad, es posible que nunca hubiera hecho una obra tan espléndida para Dios. Quizá se hubiera rendido a la confianza egocéntrica en lugar de desarrollar el autocontrol. O podía haberse fiado de sus extraordinarias capacidades, en lugar de entregarse por completo al poder de Dios.

La Escritura nos garantiza que el sufrimiento produce gozo y que "…la prueba de [nuestra] fe produce paciencia" (Stg. 1:3). La adversidad es el fuego purificador de Dios. En el crisol del sufrimiento, hallamos la mayor oportunidad para desarrollar y ejercer el autocontrol. Durante el sufrimiento de Job, su esposa lo animaba a maldecir a Dios y morirse. Sin embargo, Job respondía: "He aquí, aunque él me matare, en él esperaré…" (Job 2:9; 13:15).

Debe mostrar gratitud por aquellas experiencias que Dios le dé y que fomenten el dominio propio.

Este tipo de autocontrol es el resultado de la adversidad. Debe mostrar gratitud por aquellas experiencias que Dios le dé y que fomenten el dominio propio. Dios le otorga esas experiencias porque lo ama y porque quiere ver cómo desarrolla el amor manifestado por medio de su autocontrol.

Los tres beneficios del autocontrol en el liderazgo

Cuando usted se niega a hacer concesiones, dispone de las condiciones psicológicas necesarias para poner en práctica su visión. Evita las distracciones y ya no tolera elementos de su propia conducta que contradigan sus objetivos generales.

Por lo tanto, no cometa el error de pensar que el autocontrol es un tipo de *limitación*. De hecho, representa el señorío de uno mismo que nace del amor. La disciplina no genera una existencia áspera, triste. Más bien al contrario: produce una personalidad bien equilibrada, que tiene las siguientes características.

Libertad

El autocontrol produce libertad, al someter el egoísmo y el temor. Ataja las decisiones agobiantes sobre si debería caer en vicios privados y eludir las responsabilidades públicas. Usted ya ha tomado una decisión. Ya no tiene que seguir dándole vueltas. La libertad que produce el autocontrol nace de saber que usted ha dominado sus hábitos, en lugar de permitir que ellos lo controlen.

La libertad que produce el autocontrol nace de saber que usted ha dominado sus hábitos, en lugar de permitir que ellos lo controlen.

Para apreciar esa libertad, usted debe experimentarla. Los anuncios nos dicen constantemente que la libertad no nace del autocontrol, sino de la autogratificación: las siguientes vacaciones, el siguiente vestido caro, el siguiente trago. En realidad, nuestra autoindulgencia sin control nos lleva a la esclavitud, tanto económica como espiritual.

Paradójicamente, la libertad descansa sobre leyes que limitan y definen los actos. Esto es aplicable a las ciencias naturales. Por ejemplo, una piedra solamente puede obedecer una ley: la ley de la gravedad. Por lo tanto, permanece inmóvil e inerte. Una lombriz puede obedecer dos leyes: la ley de la gravedad y la ley del movimiento. Puede permanecer inmóvil, pero también moverse por propia voluntad. Un pájaro puede obedecer tres leyes: la de la gravedad, la del movimiento y la de la aerodinámica. Puede descansar, puede caminar por el suelo y puede volar.

La autodisciplina genera libertad al descalificar las opciones inútiles. En los Estados Unidos, usted puede optar por conducir por la izquierda de la carretera, pero no le va a servir de mucho y probablemente resultará herido. Solo cuando obedece la directiva de conducir por la derecha, dispone de la libertad para alcanzar su destino rápidamente y con seguridad.

Piense en el río que está encauzado hacia las grandes turbinas en un extremo de la ciudad. Usando la fuerza del agua, las turbinas iluminan y calientan todos los hogares. Si las orillas no consignan y controlan el flujo del río, las turbinas no se moverán y no producirán energía. Una vez más, la limitación produce libertad.

Confianza

Cuando yo era joven, pasé algún tiempo en compañía del difunto Robert G. LeTourneau, constructor de la maquinaria más grande del mundo para desplazar volúmenes de tierra. En cierta ocasión, me dijo:

—John, todo está en la mente.

—Sí, señor —respondí—. ¿Qué es lo que está en la mente?

—El dinero —me dijo.

—¿Me lo podría explicar, señor?

—Bueno, supongamos que se extiende un rumor de que todo el oro que se guarda en Fort Knox, donde están almacenados todos los lingotes que posee los Estados Unidos, ha desaparecido, incluso aunque el oro siga en su sitio habitual. ¿Qué sucedería?

—Las personas entrarían en pánico. Todo el mundo iría corriendo al banco.

—Exactamente. Por otro lado, imagina que desapareciera todo el oro, pero nadie se entera. Entonces, ¿qué sucedería?

—Nada. El comercio seguiría como hasta entonces.

—Eso es. Eso es lo que quiero decir. Todo está en la mente.

El autocontrol es una forma de éxito de la que nace una confianza ulterior.

Las ruedas de la economía avanzan gracias a una actitud de confianza. Quienes juegan en bolsa confiadamente, basándose en lo que escuchan, suelen salir victoriosos. El autocontrol genera la confianza y la seguridad en que uno es capaz de ser un líder. Si usted logra regular sus propios deseos, puede fiarse del rendimiento futuro de su liderazgo. La práctica de este se conformará a los principios que usted considere correctos. El autocontrol es una forma de éxito de la que nace una confianza ulterior.

Estabilidad

A pocas personas les gustan los cambios. Queremos que las cosas sigan como están. Muchos buscan líderes que les ofrezcan estabilidad. Una vida disciplinada no erradica el cambio, pero implica que este tenga un propósito. El autocontrol genera estabilidad.

En 1933, cuando Franklin Delano Roosevelt se convirtió en presidente de los Estados Unidos, la nación estaba sumida en la peor depresión económica de su historia. El índice de desempleo había alcanzado el 25%. Los hombres que un día habían sido millonarios, al día siguiente vendían manzanas por las esquinas de las calles. Habían manejado millones, pero ahora se esforzaban por ganar unos pocos centavos. El presidente Roosevelt habló por la radio para calmar los temores de los estadounidenses con estas palabras: "Lo único que debemos temer es el temor mismo".

La confianza y la estabilidad del propio Roosevelt jugaron un papel fundamental para sustentar la confianza ante el pueblo estadounidense y encauzar a la nación por el largo camino hacia la prosperidad.

Resumen

Negarse a hacer concesiones constituye una forma de vida. Cuando vive de manera controlada, el líder impide que los deseos lo dominen. Se mantiene libre frente a los deseos de obtener una gratificación a corto plazo, que a menudo obstaculiza las metas a largo plazo. El líder que ejerce el autocontrol raras veces conoce la derrota. Por el contrario, la persona que no sabe controlarse se convierte, en última instancia, en esclavo de aquel que sí sabe.

La falta de dominio propio destruye el liderazgo. El líder debe tener un cuidado especial con esto. La falta de autocontrol suele comenzar en áreas en las que manifiesta fortaleza, tiene la máxima confianza y se siente más seguro.

El autocontrol nos da el valor para estar solos, lo cual es un factor esencial para el liderazgo. Permite al líder concentrarse en su visión y resistirse a la presión sutil de adaptarse a la multitud. El dominio propio permite que la influencia sea unidireccional. El líder influyente se separa de su grupo para ejercer influencia sobre este. Para mantener esa distancia, es necesario negarse a hacer concesiones.

Como todos los principios de liderazgo, el autocontrol se tiene que cultivar cuidadosamente. Esto requiere admitir los poderes que están por encima de usted. También supone una vida de disciplina, la disposición a tomar decisiones antes de tiempo, la voluntad de asumir la responsabilidad y un control firme de sus pensamientos.

Algunos entienden el autocontrol como una restricción, una disciplina que arrebata los placeres de la vida. En realidad es lo contrario: el autocontrol es una de las cualidades esenciales del liderazgo, que arroja enormes beneficios personales para el líder influyente.

PASO 6

CONVENZA Y VENZA

Uno de los estudios más exhaustivos sobre la persuasión fue el que realizaron dos profesores del departamento de lingüística de la Universidad de Nueva York, Alvin C. Busse y Richard C. Borden.[18] Estos dos investigadores infatigables pasaron siete años escuchando diez mil discusiones. Incluyeron en el estudio desde disputas domésticas o confrontaciones entre conductores de taxi hasta debates celebrados en las Naciones Unidas. Las grandes compañías, como Macy's y Westinghouse les permitieron observar a sus vendedores y a su personal de ventanilla en acción.

Su objetivo: descubrir quién ganaba la discusión y por qué.

Medio siglo después, lo que descubrieron Busse y Borden sigue siendo fundamental para el negocio de la persuasión.

Es probable que tirar por tierra el argumento de una persona le proporcione lo contrario de lo que usted quiere, porque a nadie le gusta perder.

Descubrieron que, a la hora de que se aceptasen sus ideas, los profesionales del debate —incluidos los políticos— ocupaban el segundo lugar después de los vendedores de puerta en puerta. El motivo: a diferencia de los políticos, a los humildes vendedores no les interesaba ganar puntos o desmantelar el argumento de la oposición. Su ego no tenía nada que ver con su trabajo. Su objetivo era, sencillamente, *inducir al sujeto a cambiar de opinión.*

Vale la pena recordar que las personas tienen mente propia, y que es mucho más probable que cambien de opinión solos y no que alguien se la haga cambiar. De hecho, es probable que tirar por tierra el argumento de una persona le proporcione lo contrario de lo que usted quiere, porque a nadie le gusta perder.

Las personas destinatarias de "la verdad" pueden tener todo tipo de motivos para no aceptarla. El paciente de un médico puede negar un diagnóstico alarmante. El ejecutivo puede atrincherarse en su propio programa o plan. Al adolescente puede que le importen más las opiniones de sus iguales que las de sus padres. En cada caso, las explicaciones meticulosas y la lógica impecable caerán en oídos sordos. La persona, simplemente, no *quiere* saber.

Al final, usted no gana discusiones, sino corazones.

Por este motivo, sea reacio a participar en las batallas intelectuales, o hágalo con mucha prudencia. El líder influyente aprenderá pronto a no fiarse solamente de la razón poderosa, sino también a abrir el camino a otros para que cambien de postura. Al final, usted no gana discusiones, sino corazones. Y eso es algo muy diferente.

Lo más inteligente que puede hacer

Si quiere convencer, empiece escuchando.

La capacidad de escuchar se ha infravalorado tremendamente. Los publicistas y los vendedores han acumulado una experiencia formidable para leer la demografía del público. Los investigadores de mercado encuentran maneras ingeniosas de extraer la información del público para convertirla en tablas y diagramas. Los agentes de los servicios de seguridad pasan miles de horas escuchando grabaciones telefónicas.

Todos ellos reúnen información: ninguno de ellos escucha.

Escuchar conlleva prestar una atención empática a otra persona y comprender lo que la motiva.

Hay demasiados líderes que cometen el error de pensar que su influencia estriba en llevar la iniciativa y hacer mucho ruido. Esos líderes al principio impresionan, pero a largo plazo no inspiran confianza ni fidelidad. Los líderes influyentes escuchan.

Usted puede ser testigo del poder que tiene escuchar, cada vez que alguien a quien admire se detiene para preguntarle su opinión. Usted no puede evitar sentirse un tanto halagado. Durante unos instantes, usted ocupa la posición del experto. Conscientemente o no, el vínculo entre usted y la persona que admira recibe una nueva capa reafirmante.

Los líderes influyentes escuchan.

Los líderes influyentes saben que a los demás les gusta ayudar, contribuir, jugar un papel importante. En resumen, les encanta que los escuchen. Los líderes influyentes también saben que, cuando logran que otra persona se ponga a hablar, recibirán todo tipo de información. No se trata solo de lo que dice la persona, sino de lo que no dice, sus gestos y tono de voz, su actitud, qué lealtades y opiniones manifiesta.

La persuasión en el equipo

Lowell Thomas fue probablemente el máximo explorador estadounidense durante la primera parte del siglo XX. Hizo una fortuna como conferencista en directo. También presentó el noticiero de máxima duración en toda la historia estadounidense hasta aquel momento.

Conocí bien a Lowell Thomas. Me contó que sus asignaturas universitarias de oratoria eran más importantes que todas las demás juntas. Me dijo: "Si tuviera que elegir entre cursar solamente las asignaturas de comunicación o todas las demás, no lo dudaría: me quedaría con las primeras".

Si usted quiere poner en práctica su visión, necesitará que otros le ayuden. Es la compañía, no el propietario, quien construye y vende el producto. Es el equipo, no el entrenador, el que juega el partido y obtiene el trofeo. Es el ejército, no el general, el que obtiene la victoria en la batalla. Por este motivo, un líder debe ser capaz de transmitir a sus seguidores visión, misión y objetivos, y hacerlo eficazmente. Debe ser un comunicador.

Un líder debe ser capaz de transmitir a sus seguidores visión, misión y objetivos, y hacerlo eficazmente. Debe ser un comunicador.

La comunicación eficaz dentro de su grupo produce otros beneficios.

La comunicación eficaz cohesiona al grupo

Los miembros de un grupo pueden estar separados unos de otros debido a la geografía, las diferencias de idioma o las actitudes, como la distinción de clases, el sectarismo religioso, la segregación racial, el nacionalismo o el partidismo político. Estas divisiones frustran la cohesión grupal. Por medio de la comunicación eficaz, el líder puede fomentar el tipo de comprensión, tolerancia y simpatía que hará que los miembros aislados formen parte de la unidad del grupo.

Un líder sólo puede cultivar la capacidad de liderazgo en otros por medio de la comunicación eficaz

Hace casi doscientos años, el estadista británico Samuel Morley dijo: "Quien hace el trabajo no aprovecha tanto su esfuerzo como el que multiplica a los trabajadores". Esta frase merece nuestra reflexión.

El doctor Herschel H. Hobbs, ex presidente de la Convención Bautista del Sur, dijo:

> Nadie inició un movimiento destinado a resistir el paso del tiempo sin enfatizar mucho la labor de enseñar a los que vinieran tras él. Los líderes van y vienen, las personalidades viven y mueren, pero los conceptos mentales y espirituales son eternos. Esta es la dinámica para cambiar el curso de la historia y las vidas de hombres y mujeres.[19]

Ningún líder puede tener éxito sin esta capacidad de reproducir en otros grandes pensamientos, creencias e ideas. Lamentablemente, la mayor parte de la comunicación empresarial no alcanza su objetivo. Es posible que el director general de una empresa tenga una visión clara del futuro de esta, pero a menudo los trabajadores desconfían de sus motivos y perpetúan así la división fatal entre la administración y la masa laboral.

En otras profesiones, pasan cosas parecidas. El profesor procura impartir un conocimiento vital, pero confunde a los alumnos. El abogado habla con vehemencia ante el jurado, pero pierde el caso. El vendedor proclama la calidad de sus productos, pero no vende nada. El padre aconseja sabiamente a su hijo, pero este no manifiesta ningún cambio en su actitud ni en sus actos. El líder político expone a la multitud políticas firmes, pero no consigue ganar las elecciones.

La capacidad de ser persuasivo, oralmente y por escrito, es sin duda el recurso más valioso del líder.

La comunicación es el medio por el que transferimos la verdad. La comunicación puede motivar y moldear a otros, individual y colectivamente. La capacidad de ser persuasivo, de forma oral y escrita, es sin duda el recurso más valioso del líder.

También, con frecuencia, se distorsiona.

No asuma que han entendido su mensaje

Está usted en el aeropuerto, esperando el avión que lo llevará a almorzar a Nueva York para una reunión de negocios. Cuando consulta sus mensajes, descubre que la delegación japonesa que tendría que llegar mañana ha sido desviada a Madrid y llegará esta tarde. Es imperativo que alguien del rango apropiado los reciba en persona y los lleve a sus alojamientos, cuya reserva deberá adelantarse veinticuatro horas.

Inmediatamente, llama a su ayudante personal, pero ella no contesta el teléfono. Solo son las 8:15 de la mañana; seguramente estará conduciendo y no puede responder al celular. Por lo tanto, le deja un mensaje breve explicándole qué quiere que haga y diciéndole que le llamará desde Nueva York.

Pasa volando las tres horas siguientes.

Las oficinas de negocios de todo el mundo manifiestan problemas de comunicación que pueden perjudicar gravemente las ventajas competitivas.

Al mediodía, está a punto de llamarla desde un taxi cuando recibe un mensaje que le dice que la hija de su ayudante ha sufrido un accidente de tránsito. Ella ha trasladado todas sus tareas a Susana, su subordinada, mientras acude al hospital. Usted tiene cinco minutos antes de que comience su reunión. El teléfono de Susana está ocupado, de modo que llama a Gerardo, el jefe de ventas —quien es muy bueno hablando, pero no en la logística— y le pide que sea el anfitrión de la delegación y que indique a Susana que debe modificar la reserva del hotel.

Gerardo le dice: "Estoy en ello", lo cual hace que usted se sienta bien, pero cuando vuelve a llamarlo a las tres de la tarde salta su buzón de correo.

En ese momento, a usted se le ocurren varias preguntas sobre el proceso de comunicación:

- ¿Ha pensado claramente qué quería decirle a Gerardo, o estaba improvisando?
- ¿Ha incluido todos los detalles pertinentes?
- ¿Había suficiente cobertura como para que haya escuchado todo lo que usted le ha dicho?
- ¿Habrá anotado todo Gerardo?
- ¿Ha entendido realmente la urgencia de la situación y le dará prioridad sobre su propio trabajo esta tarde?
- ¿Qué hará si no puede contactar con Susana?

- ¿Qué hará Susana en caso de tener problemas para cambiar la reserva del hotel?
- ¿Por qué se le olvidó preguntar a Gerardo en qué hospital está la hija de su ayudante, para poder enviarle flores?

Todos nos comunicamos cada día, pero también nos comunicamos mal. Los significados se desvirtúan, se confunden, se malinterpretan y se pierden. Y, evidentemente, muchas cosas dependen de entenderlo todo bien. Si no recibe a los invitados japoneses en el aeropuerto, los ofenderá. Si no logra establecer una buena relación con la delegación, su negocio se resentirá. La comunicación ocupa el centro de todo el proceso, y ni siquiera hemos hablado del campo de minas que supone comunicarse bien entre los diversos ámbitos culturales.

Las oficinas de negocios de todo el mundo manifiestan problemas de comunicación que pueden perjudicar gravemente las ventajas competitivas. Todo el proceso que consiste en "codificar" el significado en una forma oral o escrita (y luego "descodificarlo") está plagado de dificultades, incluso si los dos participantes se conocen bien y usan el mismo idioma de forma parecida.

La comunicación eficaz es tanto un arte como una ciencia. Como arte, requiere la misma atención concentrada, la práctica persistente y la técnica cuidadosa que el dominio de la pintura, la escultura o la música. Como ciencia, se basa en los principios de la psicología.

El líder influyente prepara su comunicación oral y escrita con tanta exhaustividad como el director de orquesta prepara a sus músicos.

El líder influyente no deja nada al azar. Prepara su comunicación oral y escrita con tanta exhaustividad como el director de orquesta prepara a sus músicos. No basta con tener grandes ideas: esos pensamientos deben transmitirse con fuerza. Si no consigue superar los problemas de comunicación, nunca alcanzará su potencial como líder.

El orador persuasivo

Un alumno de John Knox recordaba cuando el gran reformador escocés predicó su último sermón. Escribió: "Me hizo temblar hasta el punto de que no podía sostener la pluma. Él estaba muy débil... pero antes de concluir el sermón se mostró tan activo y vigoroso que parecía capaz de hacer saltar el púlpito por los aires y salir volando".

Cuatro siglos después, es fácil hacerse una idea de la escena. Me recuerda a un consejo que me dio hace años el predicador C. E. Autrey: "John, las personas no vienen a oír lo que tú les dices, sino a ver cómo ardes".

La clave no es el volumen ni la teatralidad, sino la pasión. Un líder influyente deja que se manifieste la pasión.

Para conseguir esto, no tiene que gritar. Winston Churchill, que tiene fama de ser uno de los grandes oradores del siglo XX, tenía un estilo discreto, casi monótono. Franklin Delano Roosevelt, que pronunció algunos de sus mayores discursos en las "charlas en torno al hogar" radiofónicas, hipnotizó a todo el país.

La clave no es el volumen ni la teatralidad, sino la pasión. Un líder influyente deja que se manifieste la pasión, esa pasión interna y constante que nace de la búsqueda de una visión. Las personas perciben la pasión en la voz y en la forma de actuar, en la mirada y en el lenguaje corporal.

Usted no puede enseñar a nadie a ser apasionado, del mismo modo que no puede enseñarle a enamorarse. Pero cuando un líder manifiesta pasión, otros se contagian. Por eso, la capacidad de hablar con eficacia sigue siendo uno de los máximos valores del liderazgo y el motivo de que los líderes apasionados disfruten de semejante grado de éxito.

Cuando usted hable, piense cuidadosamente en lo que quiere ofrecer a su audiencia. En general, sus metas incluirán algunas, o quizá todas, de las siguientes:

- *Informar.* Este es el objetivo de todos los que intentan transmitir una información como mera información. Cuando un entrenador expone una estrategia para un partido, su objetivo primordial es que los jugadores lo entiendan. Sabrá que lo ha hecho correctamente si el equipo juega de acuerdo con su plan.
- *Recalcar.* Además de transmitir información, a menudo un orador querrá mover las emociones de la audiencia, generando piedad, indignación o deseo. El conferencista sobre Khalil Gibran querrá que sus alumnos no solo asimilen los datos sobre el poeta, sino también que sientan admiración por él. El orador motivacional o el líder del equipo de ventas querrán que la audiencia no solo se vaya informada, sino confiada en sus capacidades.
- *Convencer.* Cuando el líder promueve un plan de acción para erradicar la pobreza en el mundo, su objetivo es convencer: de los hechos, de la importancia de estos y de la efectividad de la acción propuesta. Desea que cada uno de sus oyentes diga: "Tienes razón". La respuesta que se busca es intelectual, el cambio de opinión.
- *Entretener.* Muchos oradores fracasan debido a su incapacidad para entretener. Si usted es un humorista que hace monólogos, el entretenimiento será su primer y probablemente su único objetivo. Pero usted también será ameno cuando disponga de una buena introducción, un estilo vivaz y una historia interesante que contar.
- *Actuar.* Todo discurso relacionado con las ventas aspirará a hacer que el público realice una acción concreta después de concluido: ir, dar, traer, participar, hacer. La actuación es el interés principal del abogado defensor o el fiscal, y también del candidato electoral. Si sus oyentes no hacen lo que usted les incita a hacer, habrá

fracasado en su comunicación, y dará igual lo bien que haya informado, recalcado, convencido o entretenido.

Sin embargo, usted se esforzará por alcanzar alguno de estos objetivos sin poder analizar cuidadosamente a su público.

Cuando hago giras de conferencias, suelo llegar a la ciudad antes de tiempo y hablar con algunos miembros del personal clave: los líderes urbanos, el director de una escuela, el líder de un sindicato, el representante de una fábrica, el presidente de un cuerpo estudiantil de secundaria. Elija los contactos correctos y obtendrá una imagen razonablemente precisa de la forma de pensar de los miembros de su audiencia.

A veces he entendido mal lo básico, y he pagado por ello. Durante una conferencia en Australia, hice un llamamiento apasionado para que las personas votasen en unas elecciones inminentes. Intentaba imprimir en mis oyentes la importancia de utilizar este precioso privilegio de una sociedad libre. ¡Solo después de la conferencia, me enteré de que en Australia votar era obligatorio!

Debe preguntarse habitualmente:
¿Cómo me sentiría respecto a este tema
si formase parte de la audiencia?

El análisis le permitirá posicionarse correctamente en relación a su público, viendo las cosas desde su perspectiva. Debe preguntarse habitualmente: ¿Cómo me sentiría respecto a este tema si formase parte de la audiencia? ¿Entendería esta idea teniendo el trasfondo que tienen ellos? ¿Parecería razonable si hubiera tenido sus experiencias? ¿Me resultaría interesante si estuviera en su posición?

Esto le ayudará a encontrar un denominador común con sus oyentes. Haga referencia a las cosas que los miembros de su audiencia han visto, oído, leído, sentido, creído o hecho, cosas que permanecen en la conciencia del oyente y en su inventario de conocimientos, incluidos la historia y los temas de actualidad. Las experiencias comunes en estas áreas profundizarán su credibilidad.

Las mejores historias se refieren a acontecimientos recientes o tienen que ver con el sufrimiento. Cuando visité Teherán, padecía un intenso dolor debido a una piedra en el riñón. Cuando relato ese episodio, estoy seguro de que todo el mundo presta atención, porque la mayoría recuerda un dolor parecido que ha experimentado alguna vez. De forma parecida, aunque un veterano de guerra haya prestado servicios hace cincuenta años, los recuerdos de esa experiencia seguirán siendo intensos.

A la audiencia, no se la puede ordenar, amenazar o manipular para que tenga cierta opinión.

Desarrolle un repertorio de experiencias vívidas que sean comunes al ciudadano. Imprima en su mente esas experiencias. A la audiencia, no se la puede ordenar, amenazar o manipular para que tenga cierta opinión. Le dicen: "Soy una persona. Tengo tanto derecho a mi opinión como usted. Haga que su pensamiento encaje con mi forma de pensar, y es posible que me ponga de su parte".

Usted debe preguntarse constantemente: *¿qué referencias a las experiencias de los que me escuchan harán que mi idea resulte atractiva para ellos? ¿Qué les causará a ellos decir, "lo entiendo, simpatizo, estoy de acuerdo, lo haré, estoy dispuesto"*? Responda a todo esto y sabrá cuáles son los argumentos con los que se identifican sus oyentes y cuáles decisiones son las que les harán cambiar.

Usted puede tener éxito incluso en las circunstancias menos prometedoras.

Una vez hablé en Hockaday, una escuela de elite para chicas en Dallas, Texas. Los responsables me advirtieron que a los últimos oradores los habían interrumpido. Las chicas se ponían a canturrear una sola nota, provocando una distracción que imposibilitaba que el discurso continuara.

Les dije que ya me las arreglaría. Al cabo de quince segundos, recurriendo al humor, había captado su atención. Media hora más tarde me aplaudieron de pie. Pude transmitirles todo lo que tenía en mi mente. Hoy día sigo recibiendo cartas de algunas de ellas —que ahora son madres y profesionales— donde me cuentan el impacto que tuvo en ellas aquella conferencia.

Decisiones visionarias que le ayudan a convencer y vencer

En cierta ocasión, un extranjero en los Estados Unidos detuvo a un hombre en la carretera y le preguntó:

—¿Dónde lleva esta carretera?

—¿Dónde quiere ir?— le preguntó el hombre.

Una vez más, el visitante insistió:

—¿Dónde lleva esta carretera?

—Amigo mío, esta carretera lleva a cualquier punto de los Estados Unidos.

Lo mismo sucede con la persuasión. A menos que usted tenga un plan claro, seguramente no podrá reunir a otros a su alrededor para avanzar hacia su misión.

1. Convenza y venza mediante la conversación

Cuando John F. Kennedy visitó Berlín occidental durante la Guerra Fría —una isla occidental a la deriva en el bloque soviético—, empezó su discurso con cuatro palabras en alemán: *Ich bin ein Berliner* ("Yo soy berlinés"). En menos de tres segundos, tuvo a toda la audiencia en la palma de su mano.

La comunicación de empatía y el establecimiento de denominadores comunes constituyen el fundamento de la persuasión exitosa, ya sea desde una tarima o individualmente.

Escuchar impacta mucho más que hablar.

Los malos conversadores piensan que la conversación es un partido de tenis. Golpean la pelota para que pase sobre la red, esperan que vuelva y la golpean de nuevo. Si tienen una mala capacidad para conversar, apenas escuchan a la otra persona; en lugar de eso, piensan en lo que van a decir después.

Escuchar impacta mucho más que hablar y además transmite una información valiosa. Por lo tanto, domine la capacidad de escuchar al centrarse conscientemente en la persona que le habla.

Empiece mirando a los ojos a su interlocutor. Si mira por encima de su hombro, pensará que está pasando algo a su espalda. Si mira su corbata, pensará que se la ha manchado de café. Por lo tanto, mírelo a los ojos y ofrézcale señales afirmativas, asintiendo y sonriendo en los momentos adecuados.

Después, conteste de la manera adecuada en el momento oportuno. No se apresure a contar una historia que se le acaba de ocurrir o a manifestar una opinión contraria. Escuche a su interlocutor hasta que acabe. Luego siga con una pregunta. La otra persona se sentirá a gusto si le dice: "Cuénteme algo más sobre esto o lo otro" o bien "O sea, que lo que usted piensa es que...". Cuando responda, use las mismas palabras y frases que él o ella, lo cual le permitirá grabarlas en su memoria y reforzar el hecho de que le ha prestado atención.

Encuentre vínculos entre la posición de la otra persona y la suya.

Todo esto le dará tiempo para encontrar vínculos entre la posición de la otra persona y la suya. Aunque no esté de acuerdo con lo que le ha dicho o no pueda actuar basándose en sus sugerencias, evite refutaciones o negativas ásperas. Use fórmulas como "Estoy de acuerdo en que..." o "Como usted me decía...", dado que esto creará un terreno en común y facilitará mucho que la otra persona se acerque a su punto de vista.

2. Convenza y venza destruyendo la barrera de la preocupación

A principios de la década de 1970, diserté durante una reunión en los Estados Unidos. Aunque sabía poco sobre mi público, me enteré de que habían estado debatiendo la crisis financiera. El precio del petróleo se había puesto por las nubes y había provocado una grave presión económica. Por lo tanto, empecé mi conferencia con las siguientes palabras: "Voy a ofrecerles diez mandamientos para sobrevivir a la crisis económica".

Al cabo de unos segundos, se podría haber oído caer un papel al suelo; tal era el silencio de una audiencia de 2.500 personas. Cuando anunciaron que el mensaje estaría disponible en cinta, durante las 12 horas siguientes los operadores telefónicos estuvieron ocupados para gestionar todas las peticiones.

Todo el mundo está preocupado. Si usted conoce a su audiencia lo bastante bien, podrá romper la barrera de su preocupación.

Raras veces encontrará a alguien que quiera saber lo que usted piensa.

Raras veces encontrará a alguien que quiera saber lo que usted piensa, sobre todo porque hay anuncios televisivos y en los periódicos que los bombardean constantemente con información e invitaciones. Para obtener su atención, usted debe disponer de otros recursos.

De todos los libros que he escrito, hay uno que se ha vendido más que todos los demás juntos. Lleva en imprenta más de cincuenta años y se ha traducido a diecinueve idiomas. El título es *Vence tus preocupaciones*. Parece ser que el título rompe la barrera de la preocupación.

Usted no puede obligar a nadie a escucharlo. Si quiere que su público reaccione, debe ganarse el derecho a ello. Eso quiere decir que debe apelar a su interés propio.

Los líderes ineficaces ignoran este principio; los líderes influyentes lo entienden. El liderazgo eficaz solo se obtiene cuando usted rompe la barrera de la preocupación y expone aquellos temas que realmente le interesan al público.

Los escritores de artículos para revistas necesitan romper con celeridad la barrera de la preocupación, porque el lector puede seguir adelante y comprar una revista de la competencia. Un redactor que supo hacer esto usó la siguiente frase inicial: "Usted puede morir antes de terminar de leer este artículo".

La frase es personal; identifica un problema potencial que al lector le interesa leer (en este caso, las cardiopatías) y además es aplicable a todo el mundo. Si la primera frase hubiera sido: "Las cardiopatías afectan sobre todo a hombres y mujeres en torno a los 40 años", el escritor hubiera perdido de inmediato a buena parte de los lectores: solo las personas de esa edad se hubieran sentido motivadas para leer el artículo.

3. Convenza y venza desprendiéndose del ego

Hoy día muchos inversores privados interactúan mediante los blogs. Esas conversaciones escritas registran entradas de todos los que quieran participar. Permiten a los involucrados intercambiar puntos de vista y debatir temas, y por esto deberían constituir un recurso muy valioso para cualquiera interesado en una charla determinada.

Pero si echa un vistazo a esos blogs electrónicos, se dará cuenta enseguida de la incompetencia social de los participantes. A menudo son incapaces de aceptar los puntos de vista opuestos sin faltar al respeto, hacer comentarios ofensivos u ofenderse. El resultado: la falta de claridad y una buena dosis de energía malgastada.

El peor enemigo para la persuasión es el deseo de ganar las discusiones.

Intente recordar que el peor enemigo para la persuasión es el deseo de ganar las discusiones. Nunca acabará convenciendo a nadie por medio de la fuerza. Si otras personas no quieren estar de acuerdo con usted, no lo estarán. Y eso para usted supone un fracaso.

Por lo tanto, preste mucha atención a su forma de exponer su caso. En cada fase, asegúrese de no confundir el objetivo legítimo de cultivar el respaldo de la otra persona con la meta ilegítima de quedar como quien tiene la razón.

Estas son algunas de las estrategias que puede usar para no meterse en líos:

- *Deje que la otra persona exponga plenamente su postura.* Su interlocutor solo se mostrará abierto a escuchar su respuesta cuando sea consciente de que lo ha escuchado y comprendido de verdad. Por lo tanto, repita las objeciones que le ha expuesto, permitiendo que vuelva a planteárselas. Saque todo al descubierto y no se apresure a rebatirle punto por punto.
- *Deje claro que está pensando sobre el tema.* Si se apresura a rebatirle, su interlocutor sabrá que no lo ha estado escuchando. Si tarda demasiado en responder, parecerá que usted tiene dudas. Encuentre el momento preciso.
- *Busque activamente puntos negociables.* Hay un motivo por el que el precio sobre el cual discuten un vendedor y su cliente suele acabar en un punto intermedio. Ambas partes tienen que dejar la negociación cuando piensan que han ganado; ambas partes deben retirarse con su dignidad intacta. Por lo tanto, distinga entre los puntos que usted debe ganar y aquellos a los que puede renunciar. Podría decir, por ejemplo: "Esa es una observación muy buena, y tengo que pensarla. Pero me sigue preocupando pensar que…".
- *Para resolver las diferencias de opinión, recurra a una tercera parte.* El socio de su empresa le sugiere redecorar el despacho de color blanco. A usted no le gusta la idea,

pero no quiere discutir al respecto. Por lo tanto, le sugiere hacer ciertas investigaciones por la Internet para ver los efectos que tiene sobre los clientes la decoración de un despacho. Una semana después, descubre un estudio que demuestra que los despachos decorados en blanco les recuerdan a las personas a los hospitales, y usted y su socio adquieren unas cuantas revistas para conocer las otras alternativas.

- *Planifique la retirada de la otra persona.* Renunciar a una objeción y aceptar el plan o el argumento de otra persona siempre supone una amenaza para el ego. Puede que haya tenido éxito al convencer a un colega de que su plan de mercadotecnia funcionará mejor que el suyo, pero sin embargo él tendrá dificultad en aceptarlo sin sentirse mal. Puede hacerle —y hacerse— un gran favor si piensa de antemano cómo facilitarle la transición. Apelar a la información decisiva siempre ayuda: "No hubiera soñado con hacerlo de esta manera si no hubiésemos leído este informe". También es útil incluir a la otra persona en el éxito: "¿Sabes? He estado pensando en lo que dijiste hace unas semanas...".

4. Convenza y venza hablando con eficacia

Quizá le interese reflexionar sobre estas normas sencillas para mejorar la persuasión de su estilo oratorio:

- *Use capas de prueba.* Un solo argumento no suele convencer a nadie. Si digo: "Muchas personas han logrado el éxito tras cumplir los sesenta años", mis oyentes pueden cuestionar esta afirmación. Pero conseguiré su consenso si luego les ofrezco pruebas. Benjamin Franklin fue embajador en Francia cuando contaba con más de ochenta años. Gladstone fue primer ministro de Inglaterra a los ochenta y tres años. Chiang Kai-shek gobernó la República de China cuando tenía ochenta años. Verdi escribió óperas pasados los ochenta. Y hay otros casos. Usted ofrece un respaldo lógico y emocional para convencer a su público de lo que les dice. Cada detalle, cada hecho, lleva un paso más allá el argumento, volviéndolo más convincente.

- *Repita las cosas.* Por el contrario, afirmar las cosas dos veces no proporciona una prueba adicional, no ofrece motivos ni tampoco detalles. Solo reformula el pensamiento originario con un lenguaje nuevo. Dice: "Centre su atención en esto. Entiéndalo a fondo". Usted debe reformular cuando crea que hace falta una mayor concentración en la propia aseveración. A menudo un orador volverá una y otra vez a la misma idea, que será el tema central, aquel que quiere que asimile su audiencia. Las explicaciones pueden hacerle perder al público. Las anécdotas pueden entretenerlos, pero tienden a alejarlos del tema central. Volver a la afirmación original centra la atención de la audiencia en el tema más importante.
- *Utilice grandes afirmaciones.* Una ilustración general amplifica una aseveración sin aportar ejemplos por su nombre. Esto resulta útil si no dispone de ejemplos con nombres concretos. Por ejemplo, para recomendar una escuela, podría decir: "Hoy día, este centro forma a algunos de los mejores líderes del país en los campos de la robótica, la ingeniería genética, la ciencia aeroespacial y la informática". Así respaldaría las afirmaciones sobre la calidad de la escuela sin nombrar a nadie en concreto.
- *Use detalles pequeños.* De otro modo, y para obtener un efecto mayor, puede especificar nombres, fechas, épocas, lugares, incidentes. "El profesor Smith, experto en robótica de la Universidad de Oxford, es alumno de este

centro" es más persuasivo que una ilustración general que dice que la escuela produce "los mejores líderes" en ese campo concreto.

- *Respalde, afiance, avale.* El testimonio es cuando una autoridad reconocida se refiere a la afirmación que usted ha hecho y dice: "Estoy de acuerdo". Si el público respeta a la persona que da el testimonio, usted (o su producto o campaña) se beneficiará de ese respaldo. Pero una advertencia: el uso excesivo de citas y de testimonios puede socavar la confianza de su público en su propia capacidad de convencerlos. Mi ex profesor P. B. Fitzwater dijo: "Las personas no vienen a escuchar de sus labios lo que dijo otra persona. ¡Vienen a escuchar lo que dice usted!".

5. Convenza y venza teniendo respuestas para: "¿Por qué?"

Hace unos años, un vendedor intentó convencerme de que necesitaba una computadora en el estudio de mi hogar. Yo no estaba de acuerdo. Le dije: "El precio es prohibitivo. No dispongo de espacio y no sé cómo usarla".

Por lo general, las personas no creerán una afirmación a menos que existan pruebas concretas.

Él no tiró la toalla. Me explicó que su empresa me proporcionaría toda la información necesaria. Me mostró el poco espacio que ocuparía el equipo. Me convenció de que yo estaba perdiendo dinero con mi método arcaico de dictar, corregir y editar textos. Me demostró cómo el hecho de no adquirir el equipo era como tirar el dinero a la basura.

Me convertí en uno de los primeros usuarios y defensores de la tecnología de la información, porque aquel vendedor respaldó su afirmación de que "Usted necesita una computadora".

Las ideas abstractas suelen poner a dormir a las personas. Por lo general, no creerán una afirmación a menos que existan pruebas concretas.

Tampoco actuarán en función de una sugerencia a menos que esta reciba un respaldo lógico y emocional.

6. Convenza y venza por estar allí

Un querido y respetado amigo mío tiene un ministerio televisivo internacional. Durante años, Dios lo ha usado para retransmitir el mensaje del evangelio. Sin embargo, una vez apareció en una ciudad a 2.400 kilómetros de su hogar.

Cuando le preguntaron el propósito de su visita, respondió: "He venido a conocer y a respaldar a mis seguidores, y a animarlos; y, por supuesto, a reunir fondos".

Esto me pareció extraño.

Quería alcanzar al mundo por medio de la televisión, y sin embargo, cuando necesitaba levantar fondos abandonaba ese medio y compraba un billete de avión. Sabía que una aparición en televisión, incluso si la veían 10.000 personas, no tendría el mismo impacto que su presencia física.

La conexión impersonal se ha multiplicado durante los últimos treinta años. Usamos el correo electrónico, los mensajes de texto, las páginas web. Algunos hasta buscan a su media naranja en la Internet. Pero la comunicación cara a cara sigue siendo indispensable.

¿Acaso un encuentro personal y directo no supera con creces a un noviazgo en el ciberespacio? ¿Por qué se acude en persona al funeral de un amigo querido, cuando podrían limitarse a ver una grabación del culto?

Uno de los empresarios de mayor éxito del mundo, Richard M. (Rich) DeVos, nunca envía correos electrónicos. Si recibe uno, contesta por teléfono o por carta.

Da igual de qué intente convencer a otros; recuerde que la comunicación cara a cara es el método primordial.

La influencia en el liderazgo exige que usted maximice la comunicación. Que no le engañe el número de direcciones de correos en su servidor. Los contactos no equivalen a comunicación. Hoy día disponemos de más contactos, al menos en Occidente, que en ningún otro momento de nuestra historia, pero disfrutamos de menos comunicación. Muchas personas ni siquiera saben cómo se llaman los que viven al lado de su casa.

Estoy agradecido por todos los medios por los que se transmite el buen liderazgo y la verdad divina. Estos incluyen la radio, la televisión, el *iPod*, las películas y muchísimos otros. Da igual de qué intente convencer a otros; recuerde que la comunicación cara a cara es el método primordial.

Resumen

Los líderes influyentes siempre tienen la capacidad de persuadir con eficacia.

Usted puede y debe adquirirla. Haga de la comunicación un estudio constante, su pasión y disciplina durante toda la vida. Estudie las reacciones humanas para descubrir qué piensan quienes lo rodean. Busque maneras de incluir su experiencia en la consecución de sus objetivos.

Distinga siempre entre el objetivo de obtener consentimiento y la meta de derrotar a la oposición. La fuerza y el deseo de quedar por encima de los demás no alcanzan la persuasión. Su objetivo es que otros digan: "Sí, ese es el camino correcto", y no "Sí, tenía razón".

Empiece escuchando. Aquel que escucha tiene fama de ser inteligente. A los demás les cae bien porque a la mayoría nos gusta que nos escuchen. Escuchar fomenta la confianza. Si lo hace bien, es más probable que logre transmitir su mensaje.

El error frecuente de la mala comunicación puede manifestarse de muchas maneras, pero se puede evitar. No asuma que otros escucharán lo primero que les diga y que descodificarán correctamente su mensaje. Si es necesario, use la "repetición espaciada" para asegurarse de que sus colegas asimilen sus palabras.

Cuando quiera convencer a otros para que hagan algo que de otro modo no harían, tendrá que abordar sus preocupaciones. En concreto, tendrá que evitar convertir la influencia en una batalla de egos. Recuerde, si su prioridad es que lo reconozcan como el ganador, ni convencerá ni vencerá. Los líderes influyentes no tienen que derrotar a sus oponentes o tener razón en todos los detalles. La medida de su influencia es el grado en que los demás, voluntariamente, siguen sus pasos.

Paso 7

Invierta sin temor

En 1981 regresé a la encantadora isla de Bali, en Indonesia. Como los hoteles estaban atestados, no me alojé en el lugar habitual, el Bali Intercontinental, sino que conseguí una habitación en el Bali Hyatt.

Cuando llegué y subí los escalones que conducían a la entrada, el jefe de botones me dijo:

—Bienvenido al Bali Hyatt, Dr. Haggai. Le hemos reservado la Suite Presidencial.

Yo le respondí que había reservado una habitación individual, de las baratas.

—El director general ha insistido — repuso él—. Quiere que cargue todos sus gastos a la habitación: los de lavandería, el lavado en seco, las comidas, el teléfono… todo. Es usted su invitado.

En el mostrador de recepción, el asistente me hizo un gesto de invitación.

—Oh, no, ya está todo arreglado —me dijo—. Permítame acompañarlo a su habitación.

Era una de las estancias más elegantes que había visto en todos mis viajes por el mundo. Al cabo de pocos minutos, el director general, Michael Ou, llegó para saludarme. Anonadado, intenté expresarle mi gratitud.

—No me recuerda, ¿verdad?— me preguntó.

Tuve que confesarle que no.

"Durante todos estos años, he albergado el sueño de que algún día dirigiría mi propio hotel y podría manifestarle mi gratitud por el ánimo y la inspiración que usted me proporcionó".

—En los años sesenta, cuando usted se alojó en el Singapore Intercontinental, yo era botones y cargaba maletas. Cada vez que usted venía, me trataba como a su amigo, el director general, George Milne. Durante todos estos años, he albergado el sueño de que algún día dirigiría mi propio hotel y podría manifestarle mi gratitud por el ánimo y la inspiración que usted me proporcionó.

No mucho después, en el aeropuerto de Brisbane, Australia, me vi atrapado mientras realizaban labores de mantenimiento de mi avión para Sydney. Jamás he oído a unos pasajeros faltar tanto al respeto al personal de atención al cliente. Prácticamente se arrojaron encima de ellos. Al final llegó el director, y las maldiciones y los insultos alcanzaron una nueva cota.

Cuando todo el mundo se había ido, me acerqué al despacho del director y solicité hablar con él un instante. Supongo que se esperaba una queja.

Le dije: "Trato con líderes mundiales de todos los continentes y lo alabo por el modo en que ha manejado esta situación tan descontrolada. Usted llegará adonde quiera. Solo quería que lo supiera y desearle éxito".

Por la cara que puso, dio la impresión de que se le había desencajado la mandíbula. Le estreché la mano y me fui.

Un año después, yo estaba ante el mismo mostrador para tomar un avión de Ansett Airways que me llevaría a otra ciudad. El recepcionista me dijo:

—Dr. Haggai, tiene usted el asiento 2B en primera clase.

Como es mi costumbre, yo había reservado un asiento en clase turista. Sin embargo, cuando se lo comenté, el recepcionista me dijo que el director había dado instrucciones de que, cuando apareciera el Dr. John Edmund Haggai para tomar un vuelo, lo pusieran en primera clase.

Nunca he profesado la cortesía con la esperanza de granjearme la gratitud de nadie. Se trata simplemente de una decisión visionaria para invertir en las relaciones. No me cuesta nada y honra al Señor. Es obedecer sus mandamientos ¡y encima produce grandes beneficios!

Como me dijo un amigo hace años: "Echa tu pan en las aguas, y después de muchos días volverá a ti... tostado".

Más de una vez, un líder mundial ha dicho: "Creo que usted conoce a más personas que nadie". Otro opinaba: "Vaya donde vaya Haggai, en el extranjero, lo tratan como a un jefe de estado".

Si eso es así, ni lo pido ni considero que nadie me lo deba. Se trata, simplemente, de que mis relaciones nacen de algo más que un apretón de manos en la cola de una recepción en un hotel o tomar una fotografía en el momento propicio durante el almuerzo. En todas las circunstancias en que me encuentro, doy conscientemente.

Invertir sin temor da resultado

Cuando la revista *Forbes* entrevistó al industrial chino Robert Kuok, hicieron la siguiente observación:

> Quizá Kuok no sea el mayor participante de Asia. Calculamos el valor neto de su familia en al menos siete mil millones de dólares. Pero en lo relativo a su extraordinaria versatilidad, imaginación y capacidad de conseguir que se hagan cosas, no tiene rival.
>
> "Lo que [en la China] nos llevaría entre dieciocho y veinticuatro meses, el Kerry Group de Kuok lo haría en dos meses", dice John Farrell, presidente de Coca-Cola China Ltd. "Ha centrado su vida en levantar redes con chinos fuera de su país, y con otros dentro de él. Es increíble la capacidad que tiene el Kerry Group para hacer las cosas rápido".
>
> "Me adapto como un camaleón a la sociedad particular

> en la que trabajo en un momento dado", dice Kuok. Robert Riley, director gerente del Mandarin Oriental Hotel Group, feroz competidor de Kuok, dice: "Vaya donde vaya, Kuok es uno de ellos".[20]

Como muchos en Asia, Kuok invierte en las relaciones. Pero es "uno de ellos" dondequiera que vaya no solo porque es chino, sino porque "ha centrado su vida en levantar redes"... y *guanxi* (el arte oriental de las relaciones). Obtiene ayuda de las personas en su círculo porque se ha tomado la molestia de cultivar esas relaciones.

Kuok ilustra los beneficios de la inversión, en el sentido más amplio del término. Comprende que cuando uno da algo, lo recibirá duplicado. Algunos occidentales han definido esto como la Ley de la Reciprocidad o la Regla de Oro. Pero aunque muchos alaban este principio, parece que hay pocos dispuestos a vivirlo.

¿Qué quiere usted? Invierta lo mismo y lo recibirá multiplicado.

La Biblia nos dice: "Todo lo que el hombre siembre, eso también cosechará". Es un hecho. ¿Qué quiere usted? Invierta lo mismo y lo recibirá multiplicado. ¿Quiere amigos? Invierta en amistad. ¿Quiere amor? Invierta amor. ¿Quiere respeto? Invierta mediante el respeto a otros.

Usted recibirá lo que invierta. La cantidad que reciba dependerá de lo que haya invertido. Si invierte poco, recibirá poco; pero si invierte mucho, recibirá en abundancia. Robert Kuok recibe —en múltiplos— la amistad empresarial que invierte tanto tiempo en cultivar. Y eso, para él, supone beneficios.

Invertir sin temor equivale a dar

Uso como sinónimos los términos *invertir* y *dar*. En otras palabras, yo invierto de muchas maneras (tiempo, relaciones, aprendizaje, donaciones benéficas) con exactamente la misma expectativa optimista de obtener beneficios como cuando hago una inversión financiera.

Para muchas personas, *dar* conlleva una reducción en el valor neto del dador. Si dan cien dólares, piensan que como resultado serán cien dólares más pobres. Por lo tanto, temen dar. Se aferran a todas las cosas por temor a perderlas.

Pero esta es la mentalidad de la escasez. Equipara dar a perder. En realidad, lo cierto es lo contrario. El término *inversión* transmite la idea de aumentar el patrimonio del inversor. Quienes entienden esto tienen la mentalidad de la abundancia. Se dan cuenta que cuanto más dan —en tiempo, dinero o ánimo—, más reciben a cambio.

Un líder influyente invierte con frecuencia. No lo hace porque *espere* una recompensa, sino porque *sabe* que este tipo de conducta las genera. Cuando Michael Ou era botones en el Intercontinental, yo no tenía ni idea de que volvería a encontrarlo. Aún menos me imaginaba que podría hacerme un bonito favor veinte años después. Solo sabía que la cortesía hace que la vida sea más hermosa para todos y que produce un resultado que, casi sin costarme nada, me ofrecía muchas ventajas.

No soy un santo. Nadie lo es. En realidad, todas nuestras donaciones e inversiones las motiva el egocentrismo, lo cual no tiene nada de malo. Las personas que dan grandes cantidades de dinero a las instituciones benéficas lo hacen porque quieren que otros lo sepan, porque sienten compasión, presión social o culpabilidad, o porque les agrada hacer el bien. Esto no conlleva ninguna deshonra. Quienes invierten mediante la donación de fondos obtienen ganancias y satisfacción genuinas. Francamente, si no fuera así, nadie daría nunca nada. Así es la naturaleza humana.

La inversión representa la decisión visionaria de dar siempre que tenga oportunidad, dentro de los límites de la disciplina sana y el sentido común.

La idea es que usted no tiene que temer la inversión de ningún tipo. La inversión representa la decisión visionaria de dar siempre que tenga oportunidad, dentro de los límites de la disciplina sana y el sentido común. Recuerde también que usted marca la pauta como líder. Si su liderazgo se caracteriza por el amor, la humildad y la autodisciplina, cosechará lealtad y devoción de las personas a las que guíe. Si estas se dan cuenta de que usted invierte su propia vida para beneficio de ellas, estarán más dispuestas a seguir su liderazgo y su ejemplo.

En un capítulo anterior, mencioné al Dr. Han. En cierta ocasión, los ancianos de la iglesia del Dr. Han en Corea me proporcionaron una visión impresionante sobre su generosidad. Cada viernes le pagaban su sueldo. Pero a menudo, antes de llegar a su casa, ya lo había repartido. Al final empezaron a darle el dinero a la esposa del Dr. Han, ¡de modo que pudiera pagar los recibos y comprar alimentos! La práctica de dar del Dr. Han atribuía a su liderazgo la credibilidad y la permanencia que nunca alcanzan los líderes que se sirven a sí mismos. También tuvo un impacto duradero sobre aquellos a los que guiaba.

Cuando usted tome la decisión visionaria de dar sin temor, y cuando reciba de vuelta lo que haya dado, los demás se darán cuenta.

Cuando usted comprende la inversión y la practica, la contagia en los miembros de su grupo. Cuando usted tome la decisión visionaria de dar sin temor, y cuando reciba de vuelta lo que haya dado, los demás se darán cuenta.

He leído pocos análisis del éxito empresarial que superen al clásico *En busca de la excelencia* de Thomas J. Peters y Robert H. Waterman hijo. Entre las ocho cualidades que se enfatizan, ellos destacan: "Las compañías excelentes están cerca del cliente". Tales empresas están obsesionadas con los estándares, la fiabilidad y el servicio. Están comprometidas para hacer que el cliente sea importante, dándole el mejor valor a cambio de su dinero y estando prestas a servirle de todas las maneras que este necesite. Esas empresas excelentes cosechan lo que siembran al obtener la lealtad de los clientes y al ver cómo crecen las ventas y los beneficios a largo plazo.

Para ilustrar esta idea, Peters y Waterman cuentan la historia de *Frito-Lay*, una empresa estadounidense de aperitivos:

> Lo sorprendente de Frito no es su sistema de gestión de la marca, que es sólido, ni su programa de publicidad, que está bien elaborado. Lo sorprendente es la fuerza laboral de Frito, de casi diez mil personas, y su grado de servicio "al 99,9%". En términos prácticos, ¿qué significa esto? Significa que Frito hará algunas cosas que, a corto plazo, no son baratas. Invertirá varios cientos de dólares para enviar un camión a llevar suministros a una tienda, cargado solo con un par de cartones de patatas fritas de treinta dólares. Puede dar la impresión de que así no se gana dinero. Pero la institución rebosa de historias sobre vendedores que han hecho frente a malas condiciones climatológicas para entregar una caja de paquetes de patatas fritas o para ayudar a una tienda a limpiar los estragos de un huracán o un accidente. Las cartas sobre estas anécdotas llegan incesantemente a la sede central de Dallas. Esta magia y este simbolismo del servicio no se pueden cuantificar. Como dijimos antes, es el sueño de todo analista de costos. Uno siempre puede defender la técnica de ahorrar dinero mediante el recorte de uno o dos puntos porcentuales. Pero los directores de Frito, al analizar la cuota de mercado y los márgenes de beneficio, nunca manipularán el celo de sus vendedores.[21]

Como resultado de esta siembra de servicio, *Frito-Lay* recauda más de dos mil millones de dólares mediante su venta de patatas fritas y aperitivos salados. Domina una cuota de mercado del 60 y el 70% en la mayor parte de los Estados Unidos (increíblemente alta si pensamos que se trata de un producto indiferenciado) y tiene un margen de beneficios que es la envidia de la industria alimentaria.

Los líderes influyentes convierten la inversión en un hábito. El mundo está compuesto por dos tipos de personas: los que invierten y los que atesoran. Los que invierten ven el "potencial" que hay en una posibilidad y la aprovechan. Por el contrario, los que atesoran no entienden que dar es sinónimo de invertir e intentan atesorar todo lo que tienen. En última instancia, los que invierten ganan, y los que atesoran pierden.

Ciento ochenta y ocho millones de dólares anuales

Si usted ha viajado por el mundo en calidad de estudiante, probablemente se habrá alojado en un hostal de la YMCA (por sus siglas en inglés, Asociación Cristiana de Jóvenes).

Un líder veterano de la YMCA, John R. Mott, nacido en 1865 y muerto a los noventa años, es uno de los mayores héroes olvidados de este mundo. Aparte de su participación en YMCA, Mott organizó el Consejo Misionero Internacional. Dirigió una campaña de recolección de fondos para el Consejo Unido de Trabajo para la Guerra, que recaudó más de $188 millones en menos de un año. Durante el curso de su carrera inigualable, reclutó a más de 240.000 hombres y mujeres para ocupar puestos de liderazgo en los seis continentes. Recibió condecoraciones en dieciocho países. Ganó el Premio Nobel de la Paz en 1946. Usted no puede reunirse en ninguna iglesia de cualquier denominación, en cualquier continente, en la que él no haya influido.

La clave del liderazgo de John Mott fue la actitud de dar sin temor. Él representa el tipo más elevado de liderazgo. No se organizó ningún culto a la personalidad en torno a su nombre. Fue generoso con sus ideas, su tiempo, su energía y su dinero.

La posición de los Estados Unidos como superpotencia mundial puede atribuirse, en gran parte, a su generosidad.

Creo que la posición de los Estados Unidos como superpotencia mundial puede atribuirse, en gran parte, a su generosidad. Con el paso de los años, los Estados Unidos ha dado más dinero, bienes y servicios a otros países que todo el resto del mundo junto. Creo que el papel de liderazgo mundial de este país está estrechamente relacionado con esta inversión de interés y de recursos.

Sin embargo, vemos que cada vez más los asiáticos siguen los pasos de John Mott.

Wendy Yap, administradora del Instituto Haggai Internacional, testificó hace poco sobre sus motivos para facilitar fondos para el nuevo centro de formación. Había estado estudiando en los Evangelios el episodio en el que Jesús alimentó a los cinco mil. "Cuando preguntaron al Señor qué iban a hacer aquellas personas, dado que no habían comido, Él les preguntó qué tenían".

Wendy comentaba que el Señor no puso manos a la obra hasta que le dieron los recursos de los que ya disponían: en este caso, cinco panes y dos peces.

Entonces Wendy dijo: "Mientras reflexionaba sobre esto, me di cuenta de que habíamos reunido dos millones de dólares; eso equivaldría a dos peces. Ahora creo que debemos conseguir los panes".

Durante casi cuarenta años, he observado a hombres y mujeres en cargos de liderazgo. Los que se limitan a poner la mano acaban perdiendo. Pierden dinero, amigos, salud y respeto. Los que invierten ganan. Como líder, usted necesita dominar el significado de la inversión y estudiar cómo convertir en un hábito el hecho de dar, tanto para usted como para quienes lo siguen.

Por qué los líderes ineficaces no invierten

La lógica nos impulsa a incorporar la inversión sin temor a nuestra toma de decisiones visionarias. La inversión lleva incorporado el motivo del interés propio individual y legítimo. Todo el mundo gana.

Esta idea subyace en toda economía y, en última instancia, en todos los esfuerzos de inversión. Nos esforzamos —invertimos nuestra energía— para conseguir un resultado. El granjero gana cuando da: invierte su trabajo, sus semillas y su irrigación de la tierra. Normalmente obtiene frutos en consonancia con su grado de inversión. El empresario gana al ampliar el mercado: invierte dinero en publicidad, entretenimiento y relaciones públicas, así como en viajes y tareas necesarios. Como resultado, multiplica su dinero. El atleta invierte esfuerzo y obtiene a cambio fortaleza y éxitos en proporción al esfuerzo invertido.

El líder influyente apelará al deseo poderoso del propio interés para inducir a los suyos a invertir.

Por consiguiente, el líder influyente apelará al deseo poderoso del propio interés para inducir a los suyos a invertir. Algunos objetarán que dar por motivos egoístas no se puede interpretar como dar. Pero eso es una tontería. Los beneficios de una generosidad valiente son tan inexorables como la ley de la gravedad. El líder aporta beneficios a todos, incluido él mismo, cuando tiene éxito al motivar a otros para que inviertan por interés propio.

Solo hay tres cosas que impiden a las personas dar este paso.

La aversión al riesgo

La reticencia a correr riesgos se convierte a menudo en una negativa a dar. Pero la generosidad no conlleva más riesgo que cualquier otro tipo de inversión empresarial. Dar sin temor exige que usted se haga vulnerable.

Sin riesgo, no hay progreso.

Cuando el granjero entierra la semilla, se hace vulnerable al riesgo del clima adverso. Durante un tiempo, no volverá a ver esa semilla y, durante ese lapso cultivará, regará y empleará todas las técnicas agrícolas que conoce para asegurarse una cosecha abundante. Cuando un hombre de negocios invierte en una propiedad, se hace vulnerable. Sin vulnerabilidad, no existe viabilidad. Sin riesgo, no hay progreso.

La codicia

En segundo lugar, las personas se niegan a dar cuando se vuelven avariciosas. Este deseo de poseer cosas se disfraza a menudo de algo más respetable. Las personas camuflan la avaricia con eufemismos como "prudencia", "buena administración" o "planificación correcta". Pero ser avaricioso se reduce a obsesionarse con las posesiones. Usted rehúsa dar lo que tiene y desea para sí la propiedad de otros.

La mentalidad codiciosa puede provocarle úlceras, destruir sus amistades y someterlo a un estrés innecesario. Los costos en pleitos, medicamentos y vacaciones forzosas pueden superar con creces, fácilmente, los beneficios a corto plazo de las maniobras avariciosas.

La inseguridad

Las personas inseguras no dan; en lugar de eso, se sienten impulsadas a dirigir todos sus esfuerzos a la autodefensa. Paralizada por el temor, la persona insegura hace lo posible para protegerse de las calamidades. Da lo mismo la fachada valiente que presente a otros; en realidad, el miedo gobierna todos sus pensamientos. Y, por supuesto, un temperamento gobernado por la inseguridad y el miedo no contribuye en nada al buen liderazgo.

Decisiones visionarias que le ayudan a invertir sin temor

Dwight L. Moody no se mostraba tímido a la hora de pedir dinero. Una y otra vez, había solicitado fondos al empresario James Farwell. En cierta ocasión, después que Moody le pidió a Farwell diez mil dólares, este se quejó:

—Sr. Moody, ¿siempre tiene que venir a pedirme dinero? Tiene muchos otros amigos millonarios. Ya le he dado ochenta y cinco mil dólares para su obra.

Moody contestó:

—Sr. Farwell, usted creció en una granja, igual que yo. ¿Alguna vez se puso a ordeñar una vaca que no diera leche?

El liderazgo de Moody hizo madurar a Farwell, pero la influencia que Moody tenía sobre él se hubiera desvanecido si Farwell no hubiera sabido que Moody era una persona altruista que practicaba lo que decía. En gran medida, gracias a la influencia de Moody, Farwell se convirtió en un filántropo destacado del siglo XIX.

El único motivo al que Jesús jamás apeló fue el del interés propio. Él representó la inversión por medio del interés propio como el camino hacia la riqueza permanente. Cada mandamiento que dio, cada promesa que hizo, asumía el interés propio por parte del oyente.

Por ejemplo, Jesús dijo: "No juzguen a nadie, para que nadie los juzgue a ustedes" (Mt. 7:1, NVI). También dijo: "No acumulen para sí tesoros en la tierra, donde la polilla y el óxido destruyen, y donde los ladrones se meten a robar. Más bien, acumulen para sí tesoros en el cielo…" (Mt. 6:19-20, NVI).

La actitud que tenga el líder respecto al dinero y las posesiones materiales incidirá en la eficacia de su liderazgo. Si quiere entender bien la actitud de dar, comprométase a tomar estas decisiones visionarias.

1. Invierta sin temor manteniendo la mirada en las cosas que desea

Si teme lo peor, al final lo conseguirá. Nuestros pensamientos negativos y nuestros temores se convierten en profecías que se cumplen solas. Si usted no cree que alcanzará su meta de ventas, seguramente no la alcanzará. Si es usted un directivo y tiene miedo de que su nuevo equipo no lo acepte, seguramente no lo harán. Si le dice a un niño que fracasará en todo, que nunca llegará a nada, probablemente tendrá razón.

Existe una diferencia entre ver el vaso medio vacío y verlo medio lleno. El nivel del agua no cambia: la diferencia radica en su actitud. Usted arruinará su potencial para el liderazgo si se concentra en las cosas que no quiere.

El líder que da sin temor tiende a ser positivo y optimista. Esto aumenta su poder y su influencia personales.

La experiencia demuestra que si centra su pensamiento en las cosas que quiere, probablemente tendrá éxito. Concéntrese en ganar la carrera y multiplicará sus oportunidades de llegar primero. Dígale a un amigo que puede realizar una tarea difícil y potenciará sus posibilidades de llevarla a cabo.

El líder que da sin temor tiende a ser positivo y optimista. Esto aumenta su poder y su influencia.

2. Invierta sin temor al considerar lo que quiere obtener a cambio

Esta afirmación parece evidente. Si planta algodón, ¿qué obtendrá? Algodón. Si planta trigo, ¿qué obtendrá? Trigo. Si planta maíz, ¿qué cosechará? Maíz. Si planta amistad, ¿qué conseguirá? Amigos.

Hasta aquí, la mayoría de las personas estará de acuerdo conmigo; la parte más difícil viene cuando preguntamos: "Si invierte dinero, ¿qué conseguirá?". Muchas personas son reacias a admitir que, en un sentido general, cuando se da dinero, este vuelve. Sin embargo, según mi experiencia, esto es exactamente lo que pasa. Por lo tanto, si anda corto de dinero, no atesore lo poco que tenga. Dé una parte. Desde un punto de vista económico, es lo mejor que puede hacer.

3. Invierta sin temor al enfatizar la iniciativa

Suponga que un granjero dijese: "Si tengo una buena cosecha, plantaré semillas". O que un hombre de negocios afirmara: "Cuando reciba el cien por cien de los alquileres correspondientes a un periodo de diez años, construiré el edificio de apartamentos". ¡Son afirmaciones ridículas!

Si anda corto de dinero, no atesore lo poco que tenga. Dé una parte. Desde un punto de vista económico, es lo mejor que puede hacer.

No, *primero* invierta sin garantías. No se engañe diciendo: "Cuando llegue mi golpe de suerte, daré mucho dinero para ayudar a los necesitados". Empiece donde esté y con lo que tenga.

A principios de la década de 1980, el centro urbano de Holland, Michigan, se parecía a cualquier otro casco urbano de la época. Se enfrentaba a una creciente competencia por parte de los centros comerciales y supermercados, que empeoró debido a que las copiosas nevadas invernales hacían que no fuesen clientes a comprar.

Entonces el empresario local y promotor inmobiliario Ed Prince tuvo una idea brillante. Pensó: *¿Por qué no colocar una red de conductos de plástico resistente bajo las aceras y luego hacer circular por ellos agua caliente, usando el calor residual de la central eléctrica?*

Como suele pasar con las grandes ideas, al principio rechazaron la propuesta. La Junta de Obras Públicas de Holland, operadora de la central eléctrica, se opuso a la iniciativa a pesar de la oferta que hizo Ed de contribuir económicamente con bastante dinero. Al final, el proyecto se aprobó en el ayuntamiento por un solo voto de diferencia.

Hoy día, los que antes criticaban el Proyecto *Streetscape* y su sistema subterráneo para derretir la nieve admiten que fue un factor crucial para la reanimación de la zona. La Junta de Obras Públicas incluso ha incluido este sistema calorífico en la portada de su informe anual. Un colega hizo el siguiente comentario:

> Prince era un visionario, pero era un juez magnífico de las personas que tenía que involucrar en el proceso. Su capacidad de ayudar a otros para que vieran cómo encajaban las piezas del rompecabezas emocionaba a las personas al pensar en el papel que jugaban en el esfuerzo colectivo. Luego se

distanciaba del proyecto y dejaba que otros ocuparan el puesto central. Parecía que le satisfacía formar parte del proyecto. No buscaba ni quería la alabanza del mundo; muchas veces rechazó incluso sus manifestaciones.

4. Invierta sin temor practicando la paciencia

Cuando el agricultor planta, no espera cosechar al día siguiente. Es un proceso que tarda meses. Lo mismo le pasará a usted. Es posible que tenga que atender muchos otros asuntos antes de la cosecha. Los agricultores no se sientan en el borde del campo con prismáticos ni desentierran las semillas para comprobar si germinan. Relájese; mantenga la calma. La paciencia es la marca distintiva del líder influyente.

5. Invierta sin temor tolerando el desengaño

Vivo en Atlanta, Georgia. Por el mero hecho de que una helada eche a perder la cosecha de melocotones en Georgia, ¿dejará el cultivador de dedicarse a los melocotones? No, sabe que prosperará si acata las leyes del cultivo de melocotones.

El solo hecho de que un amigo lo traicione, ¿quiere decir que usted no volverá a confiar en nadie? Espero que no. Puede que diga: "Invertí en amor, y me traicionaron. Invertí en amistad, y me ofendieron. Invertí dinero y sufrí un revés económico". Es cierto, la vida no nos ofrece garantías. Pero la ley de la siembra y de la cosecha funciona. A largo plazo, usted prosperará.

6. Invierta sin temor manteniéndose alegre

Cuando las cosas no marchan bien, mantenga el buen ánimo. Cuando uno se preocupa y frunce el ceño, no puede pensar con claridad.

Piense y actúe como debería sentirse. Pronto sus sentimientos estarán en consonancia con su pensamiento y sus actos.

Es posible que no se sienta el rey del mundo si acaba de perder dinero en una mala inversión o si el mercado de valores acaba de caer un 40%. Aunque no puede controlar directamente sus sentimientos, sí puede hacerlo indirectamente si controla sus actos y sus pensamientos. Piense y actúe como debería sentirse. Pronto sus sentimientos estarán en consonancia con su pensamiento y sus actos.

Nadie sigue a una persona que se lamenta. Hay dos tipos de personas: termómetros y termostatos. La persona termómetro, que averigua la temperatura de su entorno, sube y baja como un yo-yo. Reacciona en función de lo que le sucede.

La persona termostato regula la temperatura de su entorno. Cuando su personalidad radiante entra en la habitación, a usted le parece que se han encendido cien bombillas luminosas. Decídase a tener ese efecto en otros; que vean su actitud positiva.

7. Invierta sin temor esperando resultados

El agricultor espera resultados. Es posible que durante varias semanas no vea pruebas, pero sigue esperando resultados. El líder influyente debería esperarlos también. Debería esperar que, cuando invierte en animar a una persona, esta rendirá más. Debería esperar que, cuando se esfuerza en manifestar amistad, adquirirá muchos amigos. Y debería tener la esperanza de que, cuando invierta dinero, lo recuperará.

Este hábito añadirá una dimensión impresionante a su liderazgo. Parecerá que usted siempre tiene el control: centrado, lleno de energía, con dominio propio. Eso inspira confianza y fidelidad.

8. Invierta sin temor siendo agradecido

Cuando su inversión dé resultados, sentirá un poderoso deseo de felicitarse. Ha trabajado duro, ha planificado bien, ha hecho sacrificios. Pero no se engañe: la recompensa de dar está escrita en el modo en que funciona el universo. Por lo tanto, deje que su vida y su liderazgo ejemplifiquen la generosidad valiente y dejen una huella de una permanencia beneficiosa. Lo reto a que, si no ha tomado aún esta decisión visionaria, lo haga hoy.

Resumen

Si invierte sin temor, recibirá su inversión en un grado superior. Lo que reciba dependerá de lo que haya invertido (por ejemplo, si invierte amistad, tendrá muchos amigos) y de cuánto haya invertido.

Dar por interés propio no tiene nada de malo. El inversor invierte porque eso lo beneficiará. Como líder, usted debe admitir y practicar este principio. Además, debería contagiar en las personas de su grupo el hábito de dar.

En este mundo, hay dos tipos de personas: los que invierten y los que atesoran. Los que invierten practican por naturaleza el principio de la inversión. Los que atesoran son aquellos que no consideran que dar sea una inversión e intentan atesorar todo lo que tienen. En última instancia, los que invierten ganan porque reciben multiplicado lo que invirtieron. Los que atesoran al final salen perdiendo, porque pierden dinero, amigos, salud y respeto.

Para dominar la generosidad sin temor, debe tener en cuenta una serie de pautas. Invierta lo que quiera recuperar. Mantenga su mente en los resultados que desea, no en los que intenta eludir. Invierta de entrada, sin garantías, no cuando ya goce de seguridad económica. Practique la paciencia, sobre todo cuando las cosas van mal a corto plazo. Mantenga un estado de ánimo optimista. Además, espere resultados y sea agradecido, tanto si los obtiene de inmediato como si no.

Paso 8

Aproveche lo imposible

La oportunidad y la imposibilidad representan dos caras de la misma moneda.

Los mercados de valores del mundo se desploman. Las multinacionales selectas pierden miles de millones de dólares. Los inversores corren a las salidas, aceptando lo que sea antes que irse con las manos vacías. Las colosales recalificaciones caen velozmente hasta que el precio de las acciones refleja las míseras cantidades que los inversores están dispuestos a pagar. La mayoría pierde mucho dinero; muchos van a la ruina.

No hay mejor momento para comprar.

En cada muro de imposibilidad, encontrará una puerta pequeña llamada oportunidad.

En cada muro de imposibilidad, encontrará una puerta pequeña llamada oportunidad. Cuanto más imposible sea la situación, mayor será la oportunidad que contiene. Si quiere tener éxito, busque una situación imposible, un lugar donde las cosas parezcan haber llegado a una conclusión sin salida, ya sea en las finanzas, en los estudios, en las relaciones. Incluso —puede que especialmente en esos casos— si la imposibilidad se deriva de los errores que haya cometido usted.

El Dr. Peter Okaalet trabaja como director de *Health and HIV/AIDS Policy* [Política de salud y VIH/sida] en *MAP International* [Programas de Asistencia Médica]. En 1987, asistió al Instituto Haggai y, como resultado, sembró una semilla que germinó un año después, cuando un amigo íntimo de la familia murió de sida.

La muerte de su amigo supuso para él una crisis tanto personal como profesional. Personalmente, estaba desconsolado. Como médico, apenas pudo soportar tener a un moribundo entre los brazos y decirle: "No tengo más soluciones que ofrecerte".

Su propio fracaso se unió al de los religiosos. Una y otra vez, Peter vio a los ministros religiosos saludar a los pacientes de sida no desde su lado, sino desde la puerta, nerviosos. La ignorancia y el terror los incapacitaban para su tarea.

Una enfermedad incurable que arrasa el país. Una iglesia demasiado aterrada como para ayudar. Parecía una situación imposible.

Pero ese fue el momento en que Peter Okaalet tuvo una visión. Él mismo salvaría el abismo entre la medicina y el ministerio, e involucraría a la Iglesia cristiana en la lucha contra el VIH y el sida en África.

Asistió a la Escuela Evangélica de Graduados en Teología Nairobi para obtener un máster en divinidad y teología. Luego comenzó una campaña para conseguir que la educación sobre el VIH/sida fuera un elemento permanente del currículo teológico.

En el momento en que escribo este libro, hay 1349 alumnos de 14 instituciones que reciben esta formación. A estas alturas, ya se han licenciado 230, que obtuvieron certificados VIH/sida en universidades e instituciones repartidas por seis países africanos: Kenia, Sudáfrica, Tanzania, Uganda, Zambia y Zimbabue. En 2005, la revista *Time* reconoció su trabajo y le nombró uno de sus "héroes mundiales de la salud".

Peter Okaalet sabe cómo aprovechar lo imposible.

La imposibilidad en los negocios

Captar las oportunidades de hacer negocios es una habilidad por la que hace tiempo son famosos los estadounidenses. Pero resulta increíble cuántas veces las oportunidades llegan en el mismo momento en que uno está dispuesto a darse por vencido.

Pensemos en los pantalones tejanos Levi Strauss. Hoy día nadie llevaría tejanos de no ser por el socio de Levi Strauss, llamado Jacob Davis.

Originalmente un comerciante de artículos de mercería , Levi Strauss llegó a San Francisco a los veinticuatro años. Desde entonces se labró una reputación por ser empresario y filántropo. Davis había sido uno de sus clientes, un sastre que trabajaba en Reno, Nevada, que iba a San Francisco a comprar rollos de tela.

Un día, llegó un cliente a la tienda de Davis y le enseñó los pantalones que había adquirido la semana anterior. Se le habían desgarrado los bolsillos. Davis se los arregló. A la semana siguiente, aquel hombre volvió con el mismo problema, que tuvieron también otros clientes. En el caso de los obreros, los bolsillos de los pantalones normales no servían para llevar herramientas. Davis pasaba cada vez más tiempo arreglando los desperfectos de sus propios productos.

Era un problema… y también una oportunidad.

De repente, a Davis se le ocurrió la idea de fijar remaches metálicos en los puntos de tensión: en las esquinas de los bolsillos y en la base del ojal de la bragueta. Los pantalones remachados fueron un éxito inmediato entre todo el mundo, hasta el punto de que a Davis empezó a preocuparle que alguien pudiese robarle su brillante idea. Por lo tanto, decidió patentar el invento, pero no podía permitirse los sesenta y ocho dólares que costaba tramitar los documentos.

Así que escribió a Levi Strauss sugiriéndole que ambos compartiesen la patente. Strauss, que fue lo bastante astuto como para ver el potencial que tenía el nuevo producto, aceptó la propuesta de Davis. Recibieron la patente número 139.121 en la Oficina de Patentes y Marcas Registradas de los Estados Unidos, el 20 de mayo de 1873. El resto es historia.

También podemos pensar en la vida del magnate del automóvil, Lee Iacocca.

En los años setenta, Lee Iacocca era el presidente agresivo y exitoso de la Ford Motor Company. Había creado el *Mustang*, un coche que vendió más unidades el primer año que cualquier otro automóvil de la historia. Había conseguido que Ford obtuviera beneficios por 1.800 millones de dólares durante dos años consecutivos.

Recibía ingresos de $970.000 anuales, y lo trataban como a un rey. Pero vivía a la sombra de Henry Ford II, un hombre al que Iacocca describía como caprichoso y rencoroso. El 13 de julio de 1978, Henry Ford despidió a Iacocca.

Menos de cuatro meses después, Iacocca se convirtió en el presidente de Chrysler, una empresa de automóviles que acababa de anunciar una pérdida de 160 millones de dólares en su tercer trimestre, el peor déficit de su historia. Iacocca descubrió que Chrysler estaba mal administrada. Cada uno de los treinta y un vicepresidentes trabajaba por su cuenta, en lugar de funcionar como parte de un equipo.

La escasez de petróleo de 1979 agravó los problemas de Chrysler cuando el precio de la gasolina casi se duplicó, y la venta de automóviles grandes cayó en picado. En 1980, Chrysler perdió 1.700 millones, hasta entonces la pérdida más importante de una empresa en toda la historia de los Estados Unidos.

Pero Iacocca convertía sus imposibilidades en oportunidades. Lo habían despedido, y se había convertido en el presidente de una empresa que la mayoría creía que acabaría en bancarrota. Pero sin esos obstáculos, Lee Iacocca no hubiera tenido la oportunidad de demostrar quién era. Estaba decidido a no tirar la toalla. Obtuvo concesiones de los sindicatos, racionalizó el funcionamiento de Chrysler y desarrolló nuevos productos.

En 1982, Chrysler obtuvo beneficios modestos. En 1983, obtuvo los beneficios más altos de su historia, lo cual permitió a la compañía pagar el préstamo polémico que le había hecho el gobierno, y además siete años antes de la fecha tope.

Bajo el liderazgo de Iaccoca, Chrysler introdujo en el mercado nuevos automóviles que emocionaron al público estadounidense: el *K-car* económico, los descapotables y las furgonetas. El valor de las acciones de Chrysler aumentó de los dos dólares a los treinta y seis por acción. Sus inversores obtuvieron beneficios y una confianza renovada en la compañía. Su eslogan provocador fue conocido en todo el país: "Si encuentra un vehículo mejor construido, ¡cómprelo!".

Lee Iaccoca se convirtió en uno de los líderes empresariales más respetado de los Estados Unidos, y cuando se publicó su autobiografía en 1984, batió todos los récords editoriales.

Cuando todo va mal

Pero ¿qué pasaría si usted fuera el autor de su propia caída? ¿Y si la situación imposible se debe, total o parcialmente, a su falta de visión o su incompetencia? Aun así, ¿podrá aprovechar el fracaso?

La respuesta es sí.

Cuando era joven, Moisés cometió el error de intervenir en una pelea y matar a un capataz egipcio. No cabe duda de que sus motivos fueron buenos. A pesar de todo, cuando se corrió la voz, tuvo problemas. Luego, en lugar de defender la causa de los israelitas en la corte egipcia, tuvo que huir para salvar su vida. Pasó las siguientes décadas en el exilio.

Mientras cuidaba de las ovejas de su suegro en el desierto, sin duda Moisés reflexionaba amargamente sobre aquel error, del que parecía improbable que se recuperase. ¿Cómo era posible que un hombre culpable de asesinato recuperara la credibilidad entre su propio pueblo, y más aún eludiera la captura y la muerte a manos de las autoridades egipcias? Era imposible.

Dado que cometerá errores, debe saber cómo convertir los tropiezos en beneficios.

Pero Moisés regresó. Y usted también puede.

Lo primero que debe hacer es reconocer su debilidad. Usted no es perfecto, ni yo tampoco, ni nadie lo es. Dado que cometerá errores —debido a la estupidez, la ignorancia o el descuido—, debe saber cómo convertir los tropiezos en beneficios.

Cuando las circunstancias son ideales, todo el mundo puede triunfar. Ese tipo de éxito no requiere ser un genio. Usted demuestra genio cuando su éxito nace del fracaso. Demuestra su carácter si consigue reprimirse y no llevarse las manos a la cabeza en señal de desesperación.

Decisiones visionarias que le ayudan a aprovechar lo imposible

Los líderes influyentes cometen errores, pero han tomado decisiones visionarias que les ayudan a soslayar la parálisis y las dudas sobre sí mismos y aprender de sus errores, aprovechándolos. Comprométase a tomar estas decisiones visionarias para ayudarle a aprovechar lo imposible.

1. Aproveche lo imposible admitiendo rápido sus errores

Nunca podrá corregir un problema si no admite que existe. Además, los errores que no se corrigen se multiplican y empeoran.

Cuando la NASA, la agencia espacial estadounidense, envió por primera vez una sonda a Venus, los científicos estudiaron cuidadosamente sus progresos. Si la sonda se hubiera desviado tan solo un grado de su curso, habría fallado su blanco en unos 322.000 kilómetros.

Nunca podrá corregir un problema si no admite que existe.

En 1969 me enteré que el contador del Instituto Haggai había olvidado mis instrucciones de pagar una deuda con una compañía aérea, por un monto de casi $50.000, el importe debido por traer a los participantes y a la facultad a la primera sesión formativa de la organización. El contador había usado el dinero para pagar algunas deudas más pequeñas y menos acuciantes, sin reservar dinero para las líneas aéreas.

Como el avestruz proverbial, escondí la cabeza en la arena, con la esperanza de que el problema desapareciese. No quería admitir el error cometido. Como resultado de ello, perdimos nuestras tarjetas de crédito de las líneas aéreas internacionales.

La compañía nos amenazó repetidamente con llevarnos a juicio. Hasta que no admití el error, hablé con los acreedores y les dije con total transparencia que haríamos lo que pudiéramos —e incluso lo que no—, no empezaron a desvanecerse los temores, a disolverse las dudas. Las limitaciones parecieron desaparecer.

2. Aproveche lo imposible aceptando su responsabilidad

A nadie le gusta asumir la responsabilidad por sus errores. Observe la conducta de sus colegas durante los próximos días y verá cómo se distancian de las cosas que salen mal.

Todo empezó en el jardín del Edén. Cuando Dios se acercó a Adán y a Eva después que comieron del árbol del conocimiento del bien y del mal, y le preguntó a Adán si había tomado de este. La respuesta de Adán fue idéntica a la que vemos hoy día: negó su responsabilidad y se la pasó a otro: "...La mujer que me diste por compañera me dio del árbol, y yo comí". Eva hizo lo mismo: "...La serpiente me engañó, y comí" (Gn. 3:12-13).

Las personas con el mayor número de éxitos suelen ser quienes más se han equivocado.

En todo momento, se cometen errores. Nadie puede eludirlos. De hecho, las personas con el mayor número de éxitos suelen ser quienes más se han equivocado. Como les gusta señalar a los comentaristas, el récord de *home runs* de Babe Ruth en una temporada fue de la mano de un récord de *strikeouts.*

Para corregir sus errores y beneficiarse de ellos, usted debe asumir su responsabilidad. Como líder, debe asumir también la responsabilidad por los errores que cometen las personas de su grupo, del mismo modo que recibe crédito y respeto por los éxitos. Los líderes influyentes no echan la culpa a los subordinados. Cuando tienen que hacerlo, son ellos quienes paran el golpe.

Mientras usted sea responsable, los errores son un principio, no un fin.

3. Aproveche lo imposible evaluando valientemente los daños

El perjuicio resultante de este error, ¿será grande o pequeño? Piense en ello cuidadosamente. No lo sobrevalore ni lo infravalore.

A veces podemos avergonzarnos porque un error nos hace quedar mal, aunque en realidad los perjuicios sean mínimos. En otros momentos, la propia vergüenza hace que intentemos taparlo todo quitando importancia a las consecuencias. Esa vía es peligrosa. Si se ha producido un verdadero perjuicio, un líder debe tomar medidas rápidas y drásticas para evitar pérdidas ulteriores.

Cuando fundamos el Instituto Haggai para el Entrenamiento Avanzado de Líderes, tuvimos mucho cuidado en elegir un punto geográfico neutro. Si hubiéramos situado nuestro centro de formación en los Estados Unidos, a los alumnos extranjeros podrían haberlos acusado de ser voceros del Tío Sam o de la CIA estadounidense. Numerosos líderes de Asia, África, Sudamérica y Australia decidieron que Suiza era el país ideal.

Impartir los primeros seminarios del Instituto Haggai en Suiza se convirtió en uno de los mayores errores que cometimos.

Sin embargo, impartir los primeros seminarios del Instituto Haggai en Suiza se convirtió en uno de los mayores errores que cometimos. Suiza no era el lugar correcto. Cuando el dueño de una propiedad se retractó de su compromiso a vendérnosla, perdimos $55.000.

No tenía más alternativa que admitir mi error. Telefoneé a un donante importante, que había contribuido con $100.000 para poner en marcha el programa y pedí cita con él. Hubiera preferido que me dieran latigazos, pero sabía que tenía que hacerlo.

—¿Por qué no puede decirme por teléfono lo que le preocupa? —me preguntó.

—Porque en lo tocante a este asunto, debo sentarme ante usted y mirarlo a los ojos —respondí.

Aquel hombre tan querido podría haberme complicado la vida. Pero cuando llegué a su casa y le conté la historia, sonrió ampliamente y me dijo:

—John, ha aprendido una gran lección y le ha costado mucho menos dinero que a mí. ¡Nosotros acabamos de perder dos millones de dólares en una mala inversión que hicimos en el extranjero!

¡Eso es lo que yo llamo gracia!

Quedó claro que los motivos que me indujeron a proponer Suiza fueron superficiales: la oferta de una propiedad en una zona hermosa y a un precio bajo. Había caído en la trampa de aceptar lo que estaba a mano y era atractivo, en lugar de lo que realmente necesitábamos.

No fue fácil cambiar el rumbo. Perdimos impulso e incurrimos en gastos adicionales para encontrar un nuevo emplazamiento en otro punto del mundo.

Cuando evalúe el perjuicio que le ha causado un error, pregúntese cosas como: ¿Qué efectos tendrá sobre las fechas tope de los proyectos? ¿Cómo interferirá este error en el trabajo de otros? ¿Afectará negativamente la imagen global, los objetivos de la organización a largo plazo?

4. Aproveche lo imposible estudiando las causas del fracaso

No comprender las causas de su error garantizará que lo repita.

Examine en profundidad todas las explicaciones posibles. No comprender las causas de su error garantizará que lo repita. Examínese a fondo. Recuerde que echar la culpa a otros equivale a destruir su liderazgo. Identifique el problema en sí mismo y aíslelo. Por ejemplo:

- *¿Fue un error de planificación?* Es posible que usted planificase la mayor parte del proyecto, pero si pasó por alto alguno de sus componentes, todo el proyecto pudo verse afectado.

- *¿Eligió el momento correcto?* Una vez conocí a un estadounidense que había llevado a treinta personas a organizar un acontecimiento al aire libre en un país asiático. No había tenido en cuenta los vendavales, y debido a su mala elección del momento, desperdiciaron cientos de miles de dólares.
- *¿El proyecto tenía los fondos necesarios?* A menudo los hombres de negocios cometen el error de partir con una financiación inadecuada, creyendo que el dinero aparecerá por arte de magia en un etapa posterior. Eso no suele pasar. Por lo tanto, tenga en cuenta los costos futuros y no se olvide de la inflación.
- *¿Contaba con el personal adecuado?* ¿Tenía distribuida cada tarea concreta y conocía con precisión a quienes se la encomendaba? ¿Disponía del número de personas adecuado tanto en las áreas especializadas como en las que no lo son?
- *¿Tenía el equipamiento correcto?* Por ejemplo, si necesitaba enviar una gran cantidad de cartas, ¿dispuso de los medios para procesarlas? ¿O quizá la falta de recursos implicó que se enviaron las cartas durante un periodo demasiado largo, neutralizando así su impacto?
- *¿Anticipó los posibles obstáculos e hizo planes para afrontarlos?* Por ejemplo, en algunos países uno debe prevenirse contra las huelgas. ¿Tuvo en cuenta los casos de enfermedades o absentismo legítimo? ¿Trazó planes para garantizar los permisos necesarios del gobierno?
- *¿Fue precisa su información?* Una vez alguien me dijo: "Un genio con poca información siempre quedará por detrás de un hombre mediocre con buena información". ¡Qué razón tenía!

- *¿Aleccionó correctamente al personal?* Pregúntese si el error se debió a que el personal no logró entender sus instrucciones. Al hacer esto, no busca a quién culpar, sino que intenta perfeccionar sus líneas de comunicación.

5. Aproveche lo imposible eliminando de inmediato la causa

Su evaluación debe revelar las causas del error. Ahora haga algo, escriba su plan, trabaje en su programa de objetivos.

Llevar a cabo en Suiza los seminarios del Instituto Haggai fue un error por varios motivos:

- A finales de la década de 1960, se produjeron muchos secuestros de aviones. A los líderes de los países orientales en vías de desarrollo, no les gustaba la idea de repostar en capitales de Oriente Medio repletas de terroristas.
- El clima y la cocina de Suiza no encajaban con la mayoría de los líderes de otros países.
- Aunque los líderes que acudían a los seminarios internacionales de formación hablaban inglés, pocos de ellos hablaban alemán. Si hubiera surgido algún problema con la línea aérea, a los líderes les hubiese costado ponerse en contacto con nosotros. La mayoría no sabía alemán suficiente, ni siquiera para solicitar una operadora de habla inglesa.
- Las instalaciones que utilizamos estaban a dos horas y media del aeropuerto más cercano, el de Zúrich. El traslado de los asistentes a los seminarios se convirtió en una pesadilla.
- Cuando la mayoría piensa en Suiza, le vienen a la mente cuentas corrientes, cursos caros de esquí y vacaciones más caras aún. No piensan en el sufrimiento y la necesidad humana. Eso dificultaba nuestra colecta de fondos para un ministerio con sede en Suiza.

De este error salieron una conclusión dolorosa y una transición complicada: el traslado a Singapur.

Singapur, igual de neutral que Suiza, está situado en el corazón del mundo en vías de desarrollo. El clima y la cocina de Singapur son muy aceptables para la mayoría de las personas que acuden a nuestros seminarios. Singapur tiene una buena combinación racial, y un 85% de sus habitantes habla inglés. La República de Singapur tiene una extensión de solo 370 kilómetros cuadrados, lo cual facilita los desplazamientos. Además, Singapur es, sin duda alguna, la ciudad importante más limpia del mundo. El orden, la predictibilidad y el buen gobierno de ese país son modelos que observan los líderes procedentes de otros países.

6. Aproveche lo imposible salvando lo que pueda

Hace años, una empresa produjo un exceso de cientos de miles de matamoscas. Como no podía hacer frente a los requisitos de inventario y de almacenamiento, que eran muy caros, contrató a uno de los principales persuasores de este mundo, Elmer Wheeler.

Wheeler observó los matamoscas y se dio cuenta de que eran cuadrados, de modo que sugirió a los de mercadotecnia: "Estos matamoscas son cuadrados, así que se pueden matar las moscas de las esquinas". Al cabo de pocas semanas, se habían vendido todos los matamoscas. Esta compañía recurrió al buen juicio. Conseguir los servicios de Elmer Wheeler costaba una fortuna, pero fue un gasto sabio, basado en un riesgo calculado. La situación se solventó.

7. Aproveche lo imposible revisando su método para evitar repetir el error

Usted debe evaluar constantemente lo que hace, para ver si puede mejorarlo, no solo en relación con ese error, sino con todas sus actividades. Esto exige un examen y un estudio constantes.

Aprenda de otros. Lea biografías. Lea revistas relacionadas con su campo.

Aprenda de otros. Lea biografías. Lea revistas relacionadas con su campo. Me entristezco cuando hablo a personas que aspiran a ser líderes y que no han leído ni siquiera cinco libros durante ese año, y que no han hecho nada para ampliar su conocimiento o agudizar sus habilidades.

Aprenda sin cesar de la experiencia de otros, de modo que no reinvente la rueda. Cuando lea biografías y hable con otros líderes, anote lo que aprenda, aplicando esas lecciones a sus propias circunstancias.

Mi propio conocimiento del liderazgo y de otros temas lo he extraído de muchas fuentes. Estoy en deuda con maestros y ejemplos de todos los países y todas las épocas, incluidos John Sung de la China, Han Kyung Chik de Corea, Benjamin Moraes del Brasil, Juan Calvino de Ginebra, Roland Payne de Liberia, Juan Wesley de Gran Bretaña, Sam Arai del Japón, Baki Sadaka de Egipto, Martín Lutero de Alemania, Neson Cornelius de la India y San Francisco Javier de España. Mis lecturas abarcan periódicos tan dispares como el *Korean Review*, *Asia Week*, *Boardroom Report*, *Success* y *Forbes*.

Pero la acción debe ser consecuencia del aprendizaje. Ponga en práctica su análisis. En el programa del Instituto Haggai, solíamos cometer el error de programar sesiones demasiado cerca del Año Nuevo chino. Esto generaba grandes problemas de logística, imagen y disponibilidad de las facultades. Admitimos el error, asumimos la responsabilidad, evaluamos los perjuicios, estudiamos la causa, salvamos lo que pudimos y revisamos el calendario. Hoy día no programamos nada cerca del Año Nuevo chino.

8. Aproveche lo imposible empezando a ejecutar de inmediato el programa nuevo

En 1970, James Howard era el director de cuarenta y dos años de la agencia de relaciones públicas que ocupaba el sexto lugar en los Estados Unidos en cuanto a tamaño. Pero sentía que había perdido el control. No le gustaba la manera en que algunos de sus clientes hacían negocios, lo cual le provocó una crisis nerviosa. Vendió la agencia, se trasladó al apacible estado de Vermont y empezó a reconstruirse a sí mismo y su profesión.

Puede dar la impresión de que James Howard fracasó. Pero del obstáculo imposible de su crisis nerviosa, nació la mayor oportunidad de Howard. Se tomó un tiempo para descubrirse. Escribió su misión, su visión y un nuevo conjunto de metas. Analizó cuatro líneas a las que le gustaría dedicarse: granjas y madereras, viviendas solares, inmobiliarias y pequeños negocios. De aquí surgió *Country Business Services*, la compañía de correduría para pequeñas empresas de mayor éxito en los Estados Unidos. James Howard tomó su obstáculo y lo convirtió, cuidadosa y sistemáticamente, en una oportunidad.

Cuando su proyecto sale mal, las dilaciones empeoran la situación. Empiece su corrección de inmediato. Cuando se embarque en un nuevo rumbo, lleve una gráfica detallada de sus progresos, de modo que sepa exactamente dónde se encuentra en cada fase del programa.

La elevada productividad del mundo de los negocios japonés de posguerra debe mucho a W. Edwards Deming y a sus ideas sobre la Gestión de Calidad Total. Una de las sugerencias de Deming fue que los directores debían saber —día a día e incluso hora a hora— si su productividad estaba en línea con su rendimiento anterior y con sus objetivos actuales.

Los errores saben cómo grabarse en la mente. Eso está bien. Significa que lo incitarán a alcanzar mayores éxitos de evaluación y de acción.

Los errores saben cómo grabarse en la mente. Eso está bien. Significa que lo incitarán a alcanzar mayores éxitos de evaluación y de acción. Una persona sin cualidades de líder cometerá un error y se atascará en las recriminaciones y los remordimientos. Por el contrario, la persona que sabe liderar agradecerá los errores como experiencias de aprendizaje. Lo que aprenda de sus errores puede convertirlo en un mejor líder en el futuro.

Quizá lo imposible solo esté en su mente

En 1883, Cornelius Vanderbilt hizo un viaje en tren. No lo había planeado. Vanderbilt era el dueño de un negocio exitoso de transbordadores (de ahí su apodo, "Comodoro") y consideraba que el tren era una invención moderna y peligrosa.

Pero como no tenía otra manera de llegar a tiempo a su reunión, se subió a la *Camden and Amboy Line*. En su mismo vagón, estaba el ex presidente de los Estados Unidos, John Quincy Adams. Vanderbilt pasó todo el viaje quejándose.

Cuando iban de camino, el eje del ferrocarril se partió. El tren descarriló y provocó tres muertos y algunos heridos. Tras haber sobrevivido al primer accidente ferroviario fatal en los Estados Unidos, Vanderbilt se juró que a partir de ese momento no tendría nada que ver con las vías férreas... un compromiso que mantuvo durante los treinta años siguientes.

Ya había cumplido los sesenta cuando, a regañadientes, adquirió algunas acciones de una empresa ferroviaria. Durante los quince años siguientes, su participación en el negocio de los trenes le proporcionó más de cien millones de dólares, que al cambio actual vendrían a ser unos veinte mil millones. Murió siendo el hombre más rico de los Estados Unidos. Y todo porque tuvo el valor de superar un viejo prejuicio.

No hay nada como una mala experiencia para que usted se aleje de un curso de acción determinado. No volver a visitar jamás una ciudad. No volver a comprar unas acciones concretas. No volver nunca a ver a una persona.

A menudo la opción que usted rehúsa tener en cuenta, basado en una experiencia pasada, resulta ser la más provechosa de todas.

Superar la aversión puede exigirle un esfuerzo mental tremendo. A pesar de todo, a menudo la opción que usted rehúsa tener en cuenta, basado en una experiencia pasada, resulta ser la más provechosa de todas. Decir "nunca volveré a hacerlo" simplemente porque no funcionó la última vez distorsiona su visión y lo incapacita para reconocer una oportunidad cuando se presenta.

Aborde las relaciones imposibles

En 1935, mi padre era el líder de un campamento infantil en Michigan. Era la época central de la Gran Depresión, y papá tenía que administrar hasta el último centavo. Un día llenó el depósito de gasolina para desplazarse a una ciudad que estaba a 25 kilómetros de distancia. Pero antes de llegar, el automóvil se detuvo: se había quedado sin gasolina. Un pincho había perforado el depósito.

No tardó mucho en identificar al culpable: un niño de diez años que estaba en el campamento. A mí no me gustaba aquel chico rico y arrogante. Quería que mi padre se asegurase de que aquel "mocoso malcriado" recibiera una estricto castigo.

En lugar de eso, unas horas más tarde, me sorprendió y me enfureció ver a mi padre sentado en el borde del muelle rodeando con su brazo los hombros de aquel niño, discutiendo con él tranquilamente lo sucedido. Manifestó amor y compasión. Y tengo motivos para creer que el curso futuro de la vida de aquel muchachito se alteró para bien, porque mi padre convirtió un problema grave y caro en una oportunidad para hacer el bien.

Algunos de los problemas más importantes con los que nos enfrentamos tienen que ver con las relaciones. Todo aquel que tenga un trasfondo en el pastorado o en la consejería matrimonial sabrá, por observación directa, cuán rápido e inexorablemente puede hundirse una relación. Un esposo y su mujer, un padre y su hijo, un director y un empleado... todos pueden enfrentarse, lo cual tiene repercusiones trágicas.

Las relaciones rotas dejan tras de sí un rastro venenoso. Los líderes influyentes mantienen las relaciones en funcionamiento.

Estas situaciones, ¿son menos salvables que otras? No. Se trata, simplemente, de que la mayoría de las personas piensa que es más fácil romper una relación que arreglarla. Pero las relaciones rotas dejan tras de sí un rastro venenoso. Los líderes influyentes mantienen las relaciones en funcionamiento.

Cuando los problemas no desaparecen

En 1950, Dios bendijo a nuestra familia con un hijo. Pero pronto llegó la tragedia. Durante el parto, un médico famoso en todo mundo, pero borracho, trató con brutalidad al bebé. Nuestro hijo vivió como un inválido durante más de 24 años.

En cierto sentido, la enfermedad de Johnny supuso un reto continuo y una merma constante de nuestros recursos mentales y económicos. Sin embargo, en otro sentido la situación nos abrió muchas puertas nuevas.

Por ejemplo, nunca deja de maravillarme el modo en que la imagen que tienen las personas de mí cambia cuando se enteran de que tuve un hijo con parálisis cerebral. Hasta ese punto, la imagen es superficial. Ven que vivo en una casa hermosa, que conduzco un buen automóvil, viajo en avión por todo el mundo, me reúno con líderes y escribo libros. En consecuencia, llegan a la conclusión de que no puedo entender sus problemas.

Pero quienes conocían a Johnny saben que mi esposa y yo hemos experimentado la profundidad del sufrimiento. Además, no puedo expresar la bendición que fue Johnny para mí personalmente. Lo que podía haber sido un obstáculo insuperable se convirtió en una vía de misericordia para mi propia vida y mi ministerio.

Los líderes influyentes nunca intentan que otros se compadezcan de ellos.

Los líderes influyentes nunca intentan que otros se compadezcan de ellos. Cuando se enfrentan a dificultades, no se quejan por tener que "sacrificarse por otros". Siguen adelante con sus proyectos, haciendo que funcionen. Hacer que otros nos compadezcan en esas circunstancias representa la negativa a permitir que la dificultad madure convirtiéndose en oportunidad.

Cuando se fundó la Iglesia Young Nak en 1946, formada por veintisiete refugiados norcoreanos, los miembros se reunían en una montaña de Seúl. Lo único que tenían era una tienda de campaña deshilachada. Un domingo, el peso de la nieve acumulada hizo que la tienda se desplomara. Todos los miembros de la iglesia carecían de recursos, ninguno de ellos tenía dinero. Y el joven pastor, el Dr. Han, sugirió que necesitaban un edificio para la iglesia. Parecía un imposible.

Pero los líderes influyentes no alimentan sus temores. No insisten en superar todos los obstáculos posibles antes de emprender una empresa. Deciden qué hay que hacer, toman la decisión y luego buscan soluciones para los problemas. Los líderes de fe saben que la perseverancia superará las dificultades.

Una señora de la congregación dijo que no tenía dinero, pero que donaría su anillo de boda. Otra dijo que, aparte de las ropas que llevaba puestas, su única posesión era una manta que donaría al fondo de la iglesia. Dormiría cuando estuviera despierta la mujer con quien vivía, para así usar su manta. Una tercera mujer dijo que lo único que tenía era una cuchara y un tazón de arroz. Lo dio. Tomaría prestados la cuchara y el tazón de una amiga.

Empezó a llegar dinero. Comenzó la construcción de un magnífico edificio. Pero luego, en 1950, los comunistas llegaron desde el Norte y prácticamente empujaron a los surcoreanos hasta el mar. Durante la Guerra de Corea resultante, los comunistas convirtieron la iglesia en un arsenal.

Pasaron casi cuatro años antes de que los miembros de la iglesia del Dr. Han volvieran a Seúl para reunirse en aquel edificio. Pero su regreso justificó la decisión visionaria del Dr. Han de seguir adelante con el proyecto, incluso durante aquel período difícil de la historia de su nación.

Resumen

La imposibilidad es la oportunidad disfrazada.

En este capítulo, he enfatizado la toma de decisiones visionarias aun frente al fracaso, porque la mayoría entiende el fracaso como el punto en el que acaba la eficacia del liderazgo. Sin embargo, los líderes influyentes consideran que los fracasos son positivos. ¿Por qué? Porque solo el fracaso nos obliga a retornar a lo básico y replantearlo todo.

Toda decisión que usted toma como líder expresa su reacción ante un reto o un obstáculo. La toma de decisiones visionarias le permite mantener la vista en el objetivo y no en las cosas que van mal o estorban en el camino. Esto requiere disciplina y también determinación.

Los líderes influyentes cometen errores, pero también aprenden de ellos y los usan para alcanzar una eficacia mayor. Usted nunca podrá corregir un problema a menos que admita que existe. Y si un error no se corrige, suele multiplicarse y empeorar.

Esto lo obliga a aceptar su responsabilidad. A menos que la asuma, tanto por sus errores como por los de las personas de su grupo, no podrá corregirlos y aprovecharlos. Nunca eche la culpa a los demás o a las circunstancias adversas.

No dude en acudir a la zona catastrófica para evaluar los daños. Pregúntese qué gravedad pueden tener los efectos y hasta dónde pueden llegar. Descubra las causas y erradíquelas. Normalmente los errores nacen de (1) un juicio equivocado, (2) una mala planificación, (3) una información insuficiente o (4) un seguimiento incorrecto. Examine a fondo todas estas áreas.

El líder influyente no se lamenta. Reevalúa la situación, redirige sus recursos y empieza de inmediato a introducir correcciones.

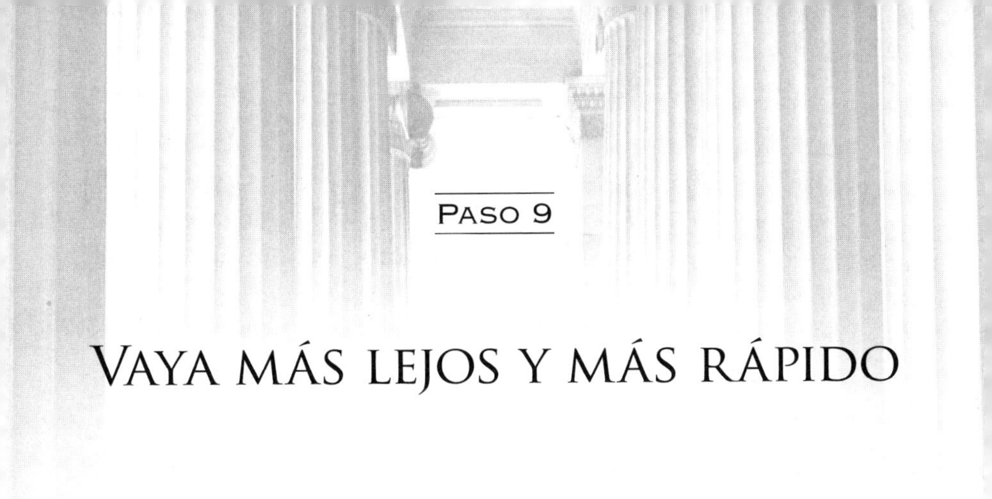

PASO 9

VAYA MÁS LEJOS Y MÁS RÁPIDO

Cuando el abogado francés Nicolas Sarkozy se convirtió en presidente de Francia en 2007, varios periódicos de habla inglesa lo definieron como "enérgico".

Quizá los escritores de esos editoriales tenían en mente las imágenes televisivas de Sarkozy haciendo *jogging* en París. Pero la energía consiste en algo más que en tener una apariencia física saludable. Sus cualidades más importantes son la resistencia y la capacidad de mantenerse primero en casi cualquier ámbito. Y para hacerlo, no se necesita ser joven.

Cuando Deng Xiaoping llegó a la presidencia de la China en 1979, ya había superado la edad de jubilación según los estándares occidentales. Sin embargo, manifestó una energía que no se ve en hombres con la mitad de su edad. Con sus noventa años, seguía pensando con claridad y puliendo su visión para el futuro de su amado país.

El líder francés Napoleón dijo que debía su éxito a la juventud, la salud y la capacidad de soportar el dolor físico sin límite. Tenía la "capacidad de dormir en cualquier momento" y un estómago capaz de "digerir cualquier cosa".

La enfermera pionera Florence Nightingale, según su biógrafo Edward T. Cook, "se mantenía en pie veinte horas seguidas, distribuyendo habitaciones, repartiendo suministros, dirigiendo el trabajo, o ayudando en las intervenciones quirúrgicas".

El líder religioso Juan Wesley viajó a caballo el equivalente a diez veces la longitud del Ecuador terrestre. Fue autor de más publicaciones que cualquier otro escritor de habla inglesa, un récord que solo sobrepasó recientemente el escritor estadounidense de ciencia ficción Isaac Asimov. Mientras iba a caballo, aprovechaba para leer libros. Cuando ya había sobrepasado los ochenta años, ¡se quejaba de que ya no podía leer y trabajar más de quince horas diarias!

Uno de los líderes más enérgicos que he conocido fue sir Bruce Small, ex presidente de la junta directiva del Instituto Haggai (Australia). Sir Bruce trabajó al mismo tiempo como miembro del Parlamento y como alcalde de la *Gold Coast* en Queensland. También dirigió la promotora inmobiliaria más grande de Queensland. Figura en el *Libro Guinness de los Récords* como el hombre más anciano que se presentó por primera vez a un cargo electivo y lo obtuvo. En aquel momento, contaba setenta y seis años.

Sir Bruce insistía en que su número de teléfono fuera público. Me dijo que sus electores tenían derecho a llamarlo cuando lo necesitasen. Su esposa, lady Lillian, me dijo que prácticamente no podían dormir una sola noche sin que se produjeran llamadas de emergencia. Su liderazgo, famoso en el exterior, nacía de un suministro de energía aparentemente ilimitado.

Es infrecuente que los líderes alcancen una posición de verdadera influencia si carecen de energías.

Las personas llegan al liderazgo por muchos motivos: porque son populares o tienen contactos con las personas adecuadas, porque son intelectualmente capaces o tan solo por estar en el lugar adecuado en el momento correcto. Pero es infrecuente que los líderes alcancen una posición de verdadera influencia si carecen de energías.

El líder influyente ha tomado la decisión visionaria de trabajar más horas, leer más libros, desperdiciar menos tiempo y, en general, vivir la vida de una forma óptima. Su energía resplandece. La energía permite al líder influyente hacer más contactos, escribir más cartas, viajar más kilómetros, asimilar más información, formar a más personas y hacer más llamadas telefónicas que cualquier otro. Estudie cualquier campo del progreso humano y descubrirá la correlación entre el grado de energía y la eficacia del liderazgo.

Qué es la energía

La energía de un líder influyente se transmite a otros mediante su vitalidad física, su vivacidad mental, su trabajo duro y su entrega y perseverancia.

La energía es vitalidad física

A todos nos atraen las personas dotadas de vitalidad, quienes irradian buena salud y una actividad con propósito. Los jóvenes, sobre todo, se sienten atraídos por quienes manifiestan este tipo de energía.

A todos nos atraen las personas dotadas de vitalidad, quienes irradian buena salud y una actividad con propósito.

A sus sesenta y seis años, Ernest H. Watson asumió el decanato del Instituto Haggai, una responsabilidad realmente grande. Nadie, ni siquiera yo, ha igualado el número de horas que dedicó a las sesiones de formación. Durante cinco semanas, asistió a todas y cada una de las clases. Además, aceptaba tutorías.

Inmediatamente después de un momento de descanso por la mañana, se zambullía en una piscina tamaño olímpico para hacer cincuenta largos, mucho antes de que hombres con la mitad de sus años se levanten de la cama. Entre las sesiones del seminario, filtraba candidatos, predicaba, viajaba y escribía informes exhaustivos para los donantes que hacían posible el programa.

Recuerdo que vino a verme un hombre de la India y se lamentó de que el régimen en el Instituto Haggai era demasiado exigente. Me dijo: "Es inhumano esperar que una persona empiece el día a las siete de la mañana y continue sin parar hasta las nueve de la noche, y eso durante cinco semanas enteras".

Le pregunté su edad.

—Treinta y seis —repuso.

—Este año el Dr. Watson cumple el doble que usted. ¿Se ha dado cuenta de que ha estado en el devocional diario todos los días, en cada comida, en cada clase y en cada pausa para el té? Trabaja hasta pasadas las once cada noche, y a menudo lo despierta uno de los participantes, que está enfermo.

Tras su formación, aquel joven regresó para aceptar un cargo de liderazgo en la India. Confesó que la energía del Dr. Watson le había impactado fuertemente.

Demostrar energía mediante la vitalidad física lleva a otros a entender que usted tiene el control.

Demostrar energía mediante la vitalidad física lleva a otros a entender que usted tiene el control. Ofrece a sus seguidores una sensación de confianza y de bienestar. La vitalidad física es una cualidad deseable, y las personas siguen a los líderes con las características que ellas quieren imitar.

Cuando el famoso clérigo J. C. Massee tenía ya noventa años, me dijo: "John, a mi edad se pueden tener visiones más importantes que cuando se tienen treinta años. Se entienden mejor las prioridades realmente esenciales. Uno puede sentir más empatía por las personas que cuando eres más joven. Pero cuando uno pierde su vitalidad física, pasa algo. Pierde también el poder de liderazgo porque las personas no siguen a nadie que les parezca débil".

Un líder no necesita una salud perfecta para atraer a otros. Franklin Delano Roosevelt, por ejemplo, no podía andar debido a la polio, pero tenía una energía y una vitalidad física ilimitadas. Fue presidente de los Estados Unidos de 1933 a 1945, más que cualquier otro en la historia de este país.

La energía es vivacidad mental

Claude Brown era el dueño de un negocio próspero de camiones en Atlanta, Georgia. Tomaba decisiones más rápidamente que cualquier otra persona que yo haya conocido. Un día le pregunté al respecto.

"Verás, John, tengo una mente estable —me dijo— e imagino que si tengo razón el 51% de las veces, la velocidad con la que tomo decisiones me pondrá por delante de la competencia". A sus sesenta y siete años, Claude Brown manifestaba más energía que muchas personas más jóvenes. Su vivacidad mental le otorgaba el éxito.

No todos los líderes son gigantes intelectuales. Pero todos los líderes influyentes tienen vivacidad mental y vitalidad física. La inteligencia respaldada por un alto grado de energía y gobernada por un buen carácter garantizará un liderazgo excepcional.

La inteligencia respaldada por un alto grado de energía y gobernada por un buen carácter garantizará un liderazgo excepcional.

Por lo tanto, ¿en qué sentido la vivacidad mental supone una diferencia?

- *El líder con vivacidad mental observará las tendencias.* Captará los grandes temas y los detalles esenciales. La observación echa los cimientos de la acción sabia. El mejor observador no cesa nunca de cuestionar los significados, los motivos y las relaciones. Cuando acabó la Segunda Guerra Mundial, Han Kyung Chik era maestro en Corea del Norte. Observó el gran número de niños huérfanos como consecuencia de la guerra y percibió la necesidad crítica de obtener locales para la enseñanza. Analizó las áreas de servicio social necesarias para satisfacer las necesidades de las personas afectadas por la guerra. De esta aguda observación, nació la filosofía de liderazgo que gobernó su trabajo durante más de 50 años.

- *El líder con vivacidad mental tendrá previsión.* Cuando Roald Amudsen hizo el viaje que dio como resultado el descubrimiento del Polo Sur, se llevó 97 perros elegidos en Alaska. A medida que avanzaba hacia el Sur, superando barreras de hielo, fue estableciendo estaciones de aprovisionamiento. Las señaló tan bien mediante señales y banderas que, cuando regresó, jamás pasó una por alto, incluso cuando estaban envueltas en una niebla espesa o cubiertas por la nieve reciente. Su preparación exhaustiva le permitió regresar con éxito a través de 570 kilómetros de terreno helado.
- *El líder con vivacidad mental tendrá la oportunidad de reflexionar y razonar.* Por medio de la reflexión y el razonamiento, el líder penetra en el corazón del problema más complejo. La reflexión y el razonamiento destruyen las farsas, descubren los secretos ocultos, suscitan respeto. Crean líderes con un empuje incisivo. Abren la puerta que lleva al éxito personal. He sido bendecido con la amistad de dos hombres que, al escuchar un plan, son capaces de detectar una debilidad a una velocidad increíble. Si usted no dispone de esta capacidad, fortalezca su liderazgo haciéndose vulnerable a la crítica de colegas que tengan ese don. Esto le evitará cometer algunos errores graves.

La energía es trabajo duro

El trabajo es la manifestación más visible de la energía humana.

Ningún perezoso se ha destacado como líder.

Ningún perezoso se ha destacado como líder. Cuando John Wanamaker fue director general de Correos de los Estados Unidos, sorprendió a la sociedad de Washington al acudir al trabajo a las siete y media cada mañana, dos horas y media antes del horario oficial en esa ciudad. En 1920, cuando tenía ochenta y dos años, Wanamaker pasaba en su despacho de Philadelphia de las ocho de la mañana a las seis de la tarde.

Desde 1941, he tenido como política entrevistar a hombres y mujeres a los que considero líderes destacados. Sin excepción, cuando pregunto cuál es el secreto de su éxito, incluyen en algún momento de su respuesta las palabras *energía* y *trabajo*.

Horace Mann era una persona notable. Hasta sus quince años, nunca asistió a la escuela más de diez semanas al año. Pero cuando cumplió los veinte, se preparó tan a fondo que en solo seis meses lo admitieron en la clase de primer curso de la Universidad Brown. Tres años después, se licenció con todos los honores.

Mann fue abogado, regresó a la universidad para enseñar Latín y Griego, y trabajó como bibliotecario; más tarde se interesó por los asuntos públicos. Tras ocupar un puesto en la legislatura de Massachusetts, se convirtió en secretario de la Junta de Educación. Consiguió que el programa educativo en Massachusetts fuera el prototipo para el resto de los Estados Unidos. A los cincuenta y dos años, Mann fue congresista de ese país y luego presidente de la Universidad de Antioch, en Ohio.

"Avergüéncense de morir antes de obtener alguna victoria para la humanidad".

Sus últimas palabras a sus alumnos, que les dirigió en una conferencia de bachillerato pocas semanas antes de su muerte, fueron: "Avergüéncense de morir antes de obtener alguna victoria para la humanidad". A menudo las personas preguntaban cómo podía tener éxito en sus numerosos proyectos. Su respuesta siempre era: "Casi todos los casos han requerido un trabajo constante, duro, concienzudo. Creo que el éxito permanente no se consigue sin trabajo duro y exhaustivo, asociado con los objetivos más elevados y dignos de alabanza".

Suele hacerme gracia ver a esos líderes sindicales que invertían sesenta, setenta y ochenta horas de trabajo a la semana para obtener la semana de treinta y dos horas laborales para los miembros del sindicato. ¿Pudiera ser ese el motivo de que el líder sindical sea un líder y los miembros, no?

La energía es entrega y persistencia

El inventor Thomas Edison solía decir que el 99% del genio es la pura persistencia tenaz.

En 1878, Edison predijo que un día iluminaría los hogares y las oficinas con electricidad. "Cuando se haga público cómo he conseguido ese objetivo, todo el mundo se preguntará cómo no se les había ocurrido antes", dijo. En aquel momento, Edison aún no había inventado la bombilla eléctrica. Antes de alcanzar esa meta, tenía que superar muchos obstáculos. Pero creía que podía hacerlo: estaba comprometido y era perseverante.

Hicieron falta miles de experimentos para encontrar el material correcto para el filamento de la bombilla. Probó todas las sustancias que se le ocurrieron (incluidos el platino, el pelo de barba y el hollín). Por último, tuvo éxito con la hebra de algodón carbonizada. La entrega de Edison y su increíble perseverancia dieron al mundo la bombilla eléctrica. En el momento de su invención, fue considerada un milagro.

La entrega y la persistencia requieren una extraordinaria cantidad de energía física, intelectual y emocional. Usted debe creer en su meta e intentar alcanzarla frente a cualquier obstáculo. Debe hacer las tareas que no haga nadie más.

Bob Pierce, fundador de *World Vision*, tuvo un gran impacto en toda Asia. Poco antes de su muerte, Pierce me dijo: "Creo sinceramente que Dios quería que fuera otro el que hiciera lo que acabé haciendo yo". Mencionó el nombre del otro hombre. "Pero él no estaba dispuesto al grado de compromiso absoluto y necesario para conseguirlo. Era demasiado perezoso para liderar. Por eso Dios me eligió, a pesar de mis dones menores, y me usó en su lugar. Yo estaba dispuesto a entregarlo todo para alcanzar ese objetivo".

La energía de Pierce era fenomenal. Cuando hizo su último viaje alrededor del mundo, ya era víctima de un cáncer fulminante. Estaba confinado a una silla de ruedas. Hasta el último momento, mantuvo su compromiso original para ayudar a los necesitados.

El dramaturgo europeo Henrik Ibsen dijo: "El mayor de los hombres es el que hace las cosas por sí solo". El fabricante de automóviles Henry Ford manifestó un espíritu parecido cuando dijo: "Me niego a admitir ninguna imposibilidad".

El presidente estadounidense Woodrow Wilson dijo a sus oponentes: "Si quieren, pueden oponerse, pueden negarse a seguirme. Pueden privarme de mi cargo y apartarse de mí. Pero no podrán echarme del poder, mientras yo defienda con firmeza lo que creo que son los intereses y las demandas legítimas del pueblo".

La entrega y la persistencia le ayudarán a superar la oposición y la persecución. El apóstol Pablo nos habla de la oposición a la que se enfrentó:

> …en trabajos más abundante; en azotes sin número; en cárceles más; en peligros de muerte muchas veces. De los judíos cinco veces he recibido cuarenta azotes menos uno. Tres veces he sido azotado con varas; una vez apedreado; tres veces he padecido naufragio; una noche y un día he estado como náufrago en alta mar; en caminos muchas veces; en peligros de ríos, peligros de ladrones, peligros de los de mi nación, peligros de los gentiles, peligros en la ciudad, peligros en el desierto, peligros en el mar, peligros entre falsos hermanos; en trabajo y fatiga, en muchos desvelos, en hambre y sed, en muchos ayunos, en frío y en desnudez; y además de otras cosas, lo que sobre mí se agolpa cada día, la preocupación por todas las iglesias (2 Co. 11:23-28).

Sin embargo, a pesar de la oposición y la persecución a la que fue sometido, Pablo pudo decir: "He peleado la buena batalla, he acabado la carrera, he guardado la fe" (2 Ti. 4:7). La resistencia impregnaba su liderazgo de vitalidad. Eso requería energía.

Decisiones visionarias que le ayudan a ir más lejos y más rápido

La energía de los líderes como Napoleón, Florence Nightingale, Juan Wesley o Ernest Watson supone un reto para nosotros. El liderazgo exige vitalidad física, vivacidad mental, trabajo duro, entrega y perseverancia.

Algunas personas tienen por naturaleza más energía que otras. A pesar de ello, usted puede aumentar su nivel de energía.

Algunas personas tienen por naturaleza más energía que otras. A pesar de ello, usted puede aumentar su nivel de energía. Hay muchas cosas que minan su fortaleza y agotan su energía. Tener sobrepeso, no hacer el ejercicio suficiente, tener malos hábitos de sueño, padecer depresión y estrés... todas estas cosas pueden hacerlo menos eficaz al reducir la energía de la que usted dispone para el liderazgo.

Comprométase a tomar estas decisiones visionarias para que le ayuden a aumentar su nivel energético.

1. Vaya más lejos y más rápido al proporcionarse la gasolina correcta

La dieta influye en su nivel energético. Una amiga regresó con su familia de unas vacaciones de tres semanas. En aquel tiempo, había ingerido, sobre todo, comida rápida. Se sentía pesada, le dolían las articulaciones, y no podía dormir. Su nivel energético era muy bajo. Al cambiar su dieta, pudo recuperar su energía, sentirse más joven, dormir mejor y librarse de sus dolores.

¿Cómo hay que comer para tener la máxima energía? Según el Dr. Kenneth H. Cooper, la principal autoridad mundial sobre el bienestar global, el secreto radica en el equilibrio: el equilibrio *cuando* usted come y *qué* come.[22] En muchos lugares del mundo, las personas comen demasiado para cenar. El equilibrio correcto es:

- 25% de su ingesta de calorías por la mañana.
- 50% al mediodía.
- 25% por la tarde o noche.

Además, debería equilibrar tres tipos principales de alimento: 50% de carbohidratos complejos, 20% de proteínas y 30% de grasas.

Según el especialista en nutrición Nathan Pritikin, la comida saludable "fomentará la agudeza de sus sentidos, le aportará una energía nueva e ilimitada, acabará con esa sensación de cansancio e incluso puede que reduzca las horas que necesita dormir al día. Hasta llegan a desaparecer algunos síntomas del envejecimiento".[23]

El programa de Pritikin recomienda una restricción en el consumo de sal, alcohol y bebidas con alto contenido en cafeína, como el café y el té. La sal contribuye a la hipertensión. El alcohol perjudica el hígado y destruye la función cerebral. La cafeína aumenta el ritmo cardíaco y contribuye a la hipertensión.

Comer bien conlleva más que seguir una dieta una o dos semanas. Usted debe cambiar su forma de pensar en la comida, sobre todo cuando los alimentos procesados se han convertido en la norma. La ironía estriba en que algunos de los alimentos más populares de los países "desarrollados" son perjudiciales para la salud. Pero si usted forja hábitos alimentarios acordes con los mejores consejos del médico, vivirá más, se sentirá más sano y tendrá mejor aspecto.

Además, también tendrá más energía.

2. Vaya más lejos y más rápido haciendo que funcione su cuerpo

Incontables estudios demuestran que un programa regular de ejercicio aumenta la energía, creando un cuerpo sano y una larga vida.

El aburrimiento produce fatiga, y el trabajo, energía.

En *How Never to Be Tired* [Nunca se canse], un libro magnífico al que he recurrido en muchas ocasiones, Marie Beynon Rae afirma que la respuesta para la fatiga no es descansar, sino trabajar.[24] Insiste en que el aburrimiento produce fatiga, y el trabajo, energía. He descubierto que es verdad. Cuando mi volumen laboral me ha privado del sueño, he regenerado más rápidamente mi energía entrenando mi cuerpo durante media hora, que durmiendo.

El mejor tipo de ejercicio aumenta su ritmo cardíaco durante al menos media hora diaria. Caminar, correr, pedalear y nadar son estupendas maneras de hacer ejercicio. El ejercicio isométrico, como el levantamiento de peso, es útil para fabricar tejido muscular y fomentar la densidad ósea, pero no debería sustituir a los ejercicios que aumentan su ritmo cardíaco.

Si hace ejercicio regularmente, su salud mejorará; por lo tanto, hágale un hueco en su día. Conviértalo en una prioridad. El aumento de salud, la sensación de bienestar y la energía extra harán que valga la pena dedicarle un tiempo.

3. Vaya más lejos y más rápido manteniendo una actitud mental positiva

El aumento de energía no solo surge de preparar su cuerpo mediante una dieta correcta, el ejercicio y mucho sueño, sino también de preparar su mente con el desarrollo de actitudes positivas y la eliminación de emociones negativas. Su cuerpo le proporciona un almacén de energía. Su actitud es la que decide cuánta de esa energía liberará.

¿Conoce a personas a quienes les cuesta mucho levantarse por la mañana? ¿A alguna de ellas le gusta la pesca? Durante la semana laboral, les cuesta muchísimo salir de la cama a las seis o las siete en punto. Pero si se van de pesca, ponen la alarma a las cuatro de la mañana para reunirse con sus amigos a las cuatro y media. Y unos pocos minutos antes de las cuatro, ¡ya han abierto los ojos!

Enganchan el remolque, llevan la barca hasta el río, la meten en el agua y se mojan. Durante las quince horas siguientes, utilizan más energía que la invertida en trabajar durante las tres semanas anteriores. Si tienen suerte y pescan muchos peces, vuelven a casa sintiéndose extraordinarios. Parecen relucir de energía. ¿Qué es lo que marca la diferencia? ¡Su actitud!

Si quiere tener energía, actúe con energía.

Si quiere tener energía, actúe con energía. La energía para el liderazgo llegará si a usted pone tanto interés en las personas como pone en sus actividades de ocio.

4. Vaya más lejos y más rápido eliminando sin piedad las emociones negativas

No hay nada que aparte tan rápido su energía del liderazgo constructivo como las emociones negativas. Encauzan su energía por canales improductivos. Existen muchas emociones negativas, y los líderes influyentes aprenden a gestionarlas de maneras constructivas:

- *La ira.* ¿Reprime su ira? La ira tiene funciones positivas, pero si se gestiona incorrectamente produce estrés, úlceras e hipertensión. Usted puede malgastar mucha energía de manera innecesaria si reprime o alimenta la ira. En lugar de esto, admita su ira, analice por qué está furioso, introduzca los cambios que le sea posible para aliviarla y, si no puede introducirlos, acepte la situación.
- *El odio y la amargura.* Estas emociones negativas siempre están mal. Son venenos mentales y físicos que lo destruirán si se lo permite. Puede parecer que el odio y la amargura generan mucha energía, pero en realidad solo

la desvían de propósitos constructivos para centrarla en otros destructivos. Por lo general, esto perjudica tanto a la persona odiada como al que la odia. Francamente, solo el amor puede superar el odio y la amargura. Estas palabras de Jesús contienen una gran dosis de sabiduría psicológica: "Pero yo les digo: Amen a sus enemigos y oren por quienes los persiguen" (Mt. 5:44, NVI).

La ruta para superar la ansiedad radica en centrarse cuidadosamente en su visión y en sus objetivos.

- *La ansiedad.* Esta sensación general de incomodidad difiere del miedo, en que no tiene un objeto o una causa concretos. Esta vaguedad hace que cueste abordar la ansiedad. Centrar nuestra atención en la ansiedad deja poca energía para los proyectos constructivos, que son precisamente los que aliviarían la ansiedad. La ruta para superar la ansiedad radica en centrarse cuidadosamente en su visión y en sus objetivos.
- *El miedo.* Puede ser útil o destructivo, dependiendo de la situación. Como todas las emociones, el miedo produce energía. Si alguien se le acerca con un cuchillo, sentirá temor. Ese miedo le dará energía para darse la vuelta y correr más rápido de lo que jamás creyó posible. Los temores que son fobias —miedos exagerados e irracionales— también generan energía, pero apartándola de los propósitos constructivos. El miedo a la oscuridad, a las alturas, a los lugares cerrados o a hablar ante una multitud son miedos que inhiben su crecimiento como líder. ¿El primer paso para superar sus temores? Identifíquelos y estúdielos. Algo que se sitúa bajo la luz de la comprensión perderá buena parte de su poder.

Resumen

Ir más lejos y más rápido es una cuestión de energía.

La energía llama la atención. La energía atrae a seguidores. El líder que manifiesta entusiasmo y energía obtendrá la aceptación y la confianza de otros. La energía transmite los conceptos de autoridad, entusiasmo, éxito y actividad con propósito. Los diccionarios la definen como "el empleo vigoroso del poder" y "la capacidad de actuar o ser activo".

El líder manifiesta la energía de diversas maneras. La vitalidad es crucial. Incluso aunque tenga una edad avanzada o padezca una minusvalía física, el líder influyente irradia bienestar y actividad decisiva. Aunque no sea un gigante intelectual, usará su mente para obtener su máxima capacidad de observación, previsión, reflexión y razonamiento. Disfrutará de trabajar duro en la búsqueda de su visión y demostrará entrega y perseverancia durante los malos momentos.

Algunas personas poseen mucha energía natural; otras tienen menos. Pero su nivel de energía siempre puede aumentar. Lo único que necesita es tomar las decisiones visionarias de comer bien, hacer ejercicio regularmente, mantener una actitud mental positiva y eliminar las emociones negativas.

PASO 10

LLEGUE HASTA EL FINAL

La sostenibilidad es tan importante para los líderes como para las empresas. De la misma manera que las compañías, los líderes pasan por momentos malos y por fracasos. Igual que las empresas, o se enfrentan al reto y salen ganando… o tiran la toalla.

Déjeme que le hable desde mi experiencia.

Después de pasar algunos años fructíferos en el pastorado, me pasé al evangelismo itinerante. Lo hice con una gran reluctancia. Nuestro único hijo padecía parálisis cerebral desde que nació. No me gustaba estar lejos de casa a menos que fuera estrictamente necesario. Johnny me necesitaba mucho, igual que mi esposa, Christine.

Al final recibí 420 invitaciones que no había solicitado para dirigir campañas evangelísticas, misiones de predicación, seminarios evangelísticos de enseñanza bíblica —antes de que sintiera una firme convicción de que Dios quería que me dedicara a eso.

Casi de inmediato me enfrenté a la oposición de un ministerio en el mismo campo. Para no avergonzarlos, llamaré a este ministerio *Gospel Enterprise.*

La primera pista llegó en los años sesenta, cuando un amigo de uno de mis socios asistió a la reunión de junta anual de *Gospel Enterprise.* Escuchó a uno de sus ejecutivos decir: "Haggai es el único al que no hemos podido apuntar a nuestras filas".

Poco después me pidieron que llevase a cabo una reunión evangelística en Lisboa, Portugal. En toda la historia de Portugal, con un 99% de católicos, jamás se había invitado a un ministro protestante a realizar un encuentro en un lugar público.

En cuanto empezaron los preparativos para ese proyecto, dos ejecutivos de *Gospel Enterprise* volaron a Lisboa para reunirse con nuestro presidente del comité portugués. Más tarde el presidente me contó que atacaron mi ministerio con débiles alabanzas y luego concluyeron: "Haggai no marcará una gran diferencia. Pero lo cierto es que tampoco puede hacer mucho daño. Tenemos pensado volver en una fecha posterior para realizar un esfuerzo evangelístico de calibre histórico. A lo mejor le interesa esperarnos".

Los líderes portugueses declinaron su oferta.

Más adelante, un amigo de *Gospel Enterprise*, misionero en Portugal y un buen hombre, usó su influencia para obstaculizar nuestros preparativos. Esto me sorprendió, porque dos años antes había cooperado con nosotros con entusiasmo. Solo hacia el final del encuentro, después que miles de personas tomaran la decisión de seguir a Cristo, me dijo que había actuado siguiendo instrucciones de *Gospel Enterprise*.

Pedí a Dios la gracia necesaria para serle fiel a Él y a la visión que me había dado.

Su oposición se intensificó hasta el punto de que el fundador de *World Vision*, Bob Pierce, tomó un avión desde Dacca, Bangladesh, únicamente para advertirme de que *Gospel Enterprise* estaba decidido a pararme. Me aconsejó que tuviera cuidado, porque no quería que se resintiera el ministerio.

La oposición en Portugal no fue un incidente aislado. En diversas ocasiones, los líderes de *Gospel Enterprise* intentaron cancelar mis proyectos. A veces intervinieron directamente, como cuando sabotearon una serie de reuniones en Honolulu que los religiosos de la ciudad me habían propuesto.

Esos actos me siguen entristeciendo. No los entendí entonces, ni los entiendo ahora. Pero pedí a Dios la gracia necesaria para serle fiel a Él y a la visión que me había dado.

Dé gracias a Dios por la oposición

La sostenibilidad para los líderes implica algo más que resistencia física. Se fundamenta en la firmeza mental, en la decisión visionaria de dejar a un lado las exigencias de la comodidad personal e incluso, cuando sea necesario, de los seres queridos, para poner en práctica la visión.

Hace poco visité al cofundador de *Amway*, Rich DeVos.

Me dijo que él y su socio de toda la vida, Jay Van Andel, se conocieron en el instituto de secundaria. Empezaron su sociedad justo después de la Segunda Guerra Mundial, con solo setecientos dólares.

Tras solicitar un préstamo bancario, compraron una avioneta pequeña y organizaron una escuela de vuelo. El G. I. Bill les proporcionó dinero para formación, y ambos detectaron la inminente demanda de escuelas de aviación. No sabían pilotar, pero no tenían por qué; se limitaron a contratar instructores. Más tarde, cuando acabó la fase de recibir fondos del G. I. Bill, vendieron el negocio y siguieron adelante, primero como distribuidores para *Nutrilite* y luego como fundadores de la empresa que se convertiría en *Amway*.

La carrera de DeVos se ha visto marcada por lo que él llama "guerras", períodos de oposición decidida por parte de, entre otros, la FDA (Agencia de Alimentos y Medicamentos) y el gobierno canadiense. En diversas ocasiones, esta oposición podría haberlo dejado sin trabajo. Ha padecido numerosas malas interpretaciones en los medios de comunicación. Pero todo lo ha superado gracias a su integridad y a su persistencia. Hoy día su negocio mundial constituye una historia de superéxito moderna.

Quienes pretenden una vida fácil o se retiran a la primera señal de problemas nunca serán líderes influyentes.

Si usted quiere sobrevivir a los malos tiempos del mercado y aprovechar al máximo sus oportunidades, necesitará firmeza mental. Si desea sortear los retos personales y las relaciones difíciles, también la necesitará. Quienes pretenden una vida fácil o se retiran a la primera señal de problemas nunca serán líderes influyentes, en los negocios o donde sea.

En los más de 60 años que llevo de ministerio por todo el mundo, en todos los continentes, he escuchado a menudo a líderes que decían: "Tenemos que cancelar este proyecto. Seguro que a Dios no le parece bien, porque hemos encontrado mucha oposición que nos impide seguir avanzando".

Me pregunto qué Biblia han estado leyendo, qué versión y qué idioma. No encuentro un solo pasaje en las Escrituras en el que se vea a Dios haciendo una gran obra exenta de toda oposición virulenta.

Will Houghton, presidente de una importante universidad estadounidense, padeció numerosas migrañas. Sin embargo, los que conocimos al Dr. Houghton no teníamos noticia de su enfermedad. Nunca hablaba de su gran problema; su humor relajaba a los alumnos que se sentían cohibidos por su presencia imponente. Este hombre, que manifestó un liderazgo único hasta su muerte en 1946, se dedicó a su trabajo con una perseverancia que sigue retándome hoy día.

Por qué la sostenibilidad edifica el liderazgo

La sostenibilidad supone gestionar los deseos

William Borden, de la famosa familia estadounidense de los Borden, se licenció en la Universidad de Yale en 1909. Mientras estudiaba allí, los primeros automóviles aparecieron en las calles. Un día, admiraba un automóvil que veía por la ventana. Su compañero de habitación le preguntó: "Bill, ¿por qué no te compras uno? Tienes dinero suficiente".

Pero Borden tenía otras prioridades. Había consagrado su vida y su dinero a alcanzar esas prioridades, y nada —ni siquiera el atractivo de un automóvil nuevo— iba a cambiar esos planes. Su persistencia superó el deseo personal.

> ***"La eficiencia es la disposición de sacrificar los deseos personales por la voluntad de ganar".***

Hace treinta años, leí una frase que se me quedó grabada: "La eficiencia es la disposición de sacrificar los deseos personales por la voluntad de ganar".

Todo líder ha pasado por momentos en los que le pareció preferible abandonar un proyecto, ceder ante los críticos o tomar el camino fácil. Además, a menudo un líder se enfrentará a la oportunidad de satisfacer un deseo personal que, aunque no es malo en sí mismo, interfiere con la consecución de sus fines. Recuerde que la voluntad de ganar debe ir en primer lugar. Y eso exige sostenibilidad.

La sostenibilidad supone no desentenderse

Muchos han demostrado un liderazgo notable al practicar la sostenibilidad frente a las limitaciones financieras.

George Müller, que fundó orfanatos en Bristol, Gran Bretaña, cambió las vidas de miles de niños e impactó positivamente en Inglaterra gracias a su cuidado compasivo. Muchas veces no contaba con el dinero para proporcionar a los niños su siguiente comida. Nunca se quejó, nunca gimoteó, nunca amenazó con interrumpir su ministerio para los huérfanos. Trabajaba por fe. Lo que hizo único a Müller fue su perseverancia.

> ***Muchos que ocupan hoy posiciones de liderazgo carecen de la firmeza mental del líder influyente y, cuando los someten a presión, pronto se desentienden de todo.***

La sostenibilidad se fundamenta en una entrega profunda a la visión. Muchos que ocupan hoy posiciones de liderazgo carecen de la firmeza mental del líder influyente y, cuando los someten a presión, pronto se desentienden de todo. Cuando uno habla con ellos íntimamente, descubre que ya han hecho planes para abandonar su posición de liderazgo.

En otras palabras, están comprometidos con los objetivos empresariales solo si pueden alcanzarlos mediante un costo personal muy reducido. Son líderes débiles, a quienes se los intimida fácilmente y se los induce a abandonar. Se programan para el fracaso.

La sostenibilidad supone concentración

Pensamos que la sostenibilidad es un bien útil en los malos momentos. De hecho, lo cierto es que los retos más grandes para la perseverancia surgen de la prosperidad y de la vida fácil.

Fíjese en esta paradoja. Si pregunta a la mayoría de los líderes empresariales cuál es su motivación, le dirán: "Ganar dinero". Si les pregunta por qué quieren ganar dinero, la mayoría dirán cosas como: "Para conducir un coche mejor, tener una casa más grande, pagar la educación de mis hijos, poder gastar más dinero en las vacaciones y jubilarme gozando de seguridad económica".

Las motivaciones vinculadas con la comodidad personal carecen de fiabilidad.

Pero las motivaciones vinculadas con la comodidad personal carecen de fiabilidad. Cuando llegan malos tiempos, usted puede sentir que la perseverancia lo aleja aún más de esas metas, en lugar de acercarlo a ellas. Por el contrario, cuando las circunstancias son positivas, usted alcanza el grado deseado de comodidad y pierde motivación.

A John D. Rockefeller, magnate de *Standard Oil* y el hombre más rico del mundo en su época, le interesaba poco la riqueza en sí misma. Mientras que los hijos de otros millonarios daban por hecho el lujo, Rockefeller insistía en que su familia manejase un presupuesto muy limitado, arreglando las prendas de vestir viejas en lugar de comprar nuevas.

Creo que la riqueza nacional puede constituir una desventaja grave para un país. Durante la Guerra Fría, un gran orador y buen amigo mío dijo: "Rusia nunca hundirá a los Estados Unidos. Los Estados Unidos se hundirá solo, a menos que sus habitantes logren romper el dominio de la autoindulgencia, el despilfarro caprichoso y el narcisismo".

A la luz de las dificultades económicas posteriores, sus palabras resultaron proféticas. Pero lo mismo podría haberse dicho de muchos países, no solo en Occidente sino incluso en Oriente, donde la preocupación por el estatus social y la comodidad personal cada vez arrebata más a sus poblaciones el carácter y los valores de la permanencia.

La sostenibilidad supone la resolución personal

No todos los líderes pueden contar con el apoyo de una familia. El liderazgo es un trabajo de veinticuatro horas al día, siete días a la semana. Exige desempeñar tanto tareas desagradables, como placenteras. Es fácil que los miembros de la familia de un líder sientan que ocupan un segundo lugar en su vida.

David Livingstone, que abrió buena parte de África a la exploración europea, era un hombre de muchas facetas: misionero, escritor, cartógrafo y antropólogo. Pero su esposa Mary le daba problemas constantemente, quejándose y criticándolo todo. Hizo que su trabajo casi fuera imposible.

Las exigencias sobre Livingstone eran grandes. En aquella época, no había aviones de reacción. No podía visitar una ciudad a dos mil kilómetros de distancia y regresar el mismo día. La tensión fue tan extrema que Livingstone envió a su esposa de vuelta al hogar, a Inglaterra, donde ella pasó más de doce años, mientras él sufría y al final murió sirviendo a los africanos.

El líder fija su vista en la misión y no permite que la oposición lo aparte del camino que lo lleva a cumplirla.

El líder influyente no descuida las responsabilidades familiares ni usa el trabajo como una forma de huir de las relaciones difíciles en su hogar. Pero las tensiones que surgen a menudo entre el trabajo y la familia no se pueden gestionar con éxito sin perseverancia. El líder fija su vista en la misión y no permite que la oposición lo aparte del camino que lo lleva a cumplirla, ni siquiera la oposición de su propia familia.

La sostenibilidad supone aferrarse a su visión

En ocasiones, otros miembros de un grupo no captan la visión con la misma claridad que el líder. No entienden su importancia o no establecen vínculos esenciales entre las distintas partes del todo. A veces, simplemente, no quieren hacer el esfuerzo para que la visión sea una realidad.

En esas circunstancias, el líder siente el impulso de ponerse al nivel de su grupo. Esto es un error. Como líder, usted debe ofrecer una sostenibilidad que se niegue a que nadie altere o diluya la visión. Si usted no se toma en serio la visión, nadie lo hará. Con frecuencia, los miembros del grupo a su alrededor habrán invertido en la visión menos que usted; se fiarán de su pasión para seguir adelante. Usted deberá interpretar los acontecimientos para ellos, no dejar nunca de clarificar la visión y enfrentarse a la oposición, si quiere garantizar el éxito de la empresa.

Hay muchas cosas que pueden debilitar su determinación. La enfermedad, las distracciones, las limitaciones económicas, las relaciones familiares difíciles, las traiciones, los malos entendidos; todas estas cosas pueden dificultarle seguir el camino hacia sus objetivos empresariales.

Pero todos estos problemas tienen solución. La diferencia entre mantenerse a flote o hundirse radica, a menudo, en su perseverancia. Si usted tira la toalla, ya ha fracasado. Pero si practica la sostenibilidad, verá grandes oportunidades incluso en situaciones aparentemente imposibles.

Decisiones visionarias que le ayudan a llegar hasta el final

La mayoría de los líderes valiosos se ha enfrentado a momentos de crisis. El famoso predicador Charles Haddon Spurgeon dimitió treinta y dos veces durante su ministerio londinense.

La mayoría de los líderes valiosos se ha enfrentado a momentos de crisis.

Sé lo que significa poner toda la carne en el asador por lo que uno cree. En los primeros días del ministerio, convertí en dinero cosas que a muchos les parecen exageradas: vendí mi coche, gasté mis ahorros personales, pedí préstamos. Casi perdí mi casa. No estoy sentado en una cómoda torre de marfil para decirle que perseguir una visión puede exigir la máxima resistencia y determinación.

Antes de que llegue una crisis, resuelva tomar decisiones visionarias que fomenten su sostenibilidad.

1. Llegue hasta el final recordando su visión

Su liderazgo comenzó con una visión. Usted tenía una visión clara de lo que su grupo podría ser o hacer. Vio cómo podría conducir al grupo hacia objetivos que tendrían un beneficio permanente, que satisfarían las necesidades reales del grupo. La visión que tuvo fue válida cuando empezó, y la necesidad fue real. Los objetivos eran dignos. Usted puede conservar su perseverancia si recuerda su visión y renueva su compromiso con ella. Si lo hace, colocará sus problemas actuales en la perspectiva correcta.

2. Llegue hasta el final al concentrarse en sus metas

Las metas son como las escaleras. Usted ha creado un conjunto de metas teniendo en mente un destino concreto. Pero desde el punto de vista operativo, el paso importante es el que está dando ahora, no lo que está más lejos. Por lo tanto, resuelva hoy los retos de hoy; los de mañana, déjelos para mañana. Empiece concentrándose en uno o dos objetivos asequibles que tenga que alcanzar aquí y ahora. El progreso en las tareas inmediatas otorgará sostenibilidad a su liderazgo.

3. Llegue hasta el final visualizando el futuro

Me he dado cuenta de que frecuentemente los líderes hablan como si ya hubieran alcanzado las metas que se habían fijado. El presidente de una cadena de tiendas minoristas le puede hablar de sus nuevas tiendas —cuánto negocio generan, dónde están situadas— mucho antes de haber abierto la primera.

Resuelva hoy los retos de hoy; los de mañana, déjelos para mañana.

Y no estaría mintiendo. Los líderes influyentes visualizan sus metas ya cumplidas. Ellos hacen de la visión una realidad en sus propias mentes. Es así que, el presidente de esa cadena habrá fijado nuevas metas como si las tiendas ya estuvieran funcionando en su totalidad.

El difunto Max Stoffel de Liechtenstein, cuyas tiendas de ropa blanca son conocidas en todo el mundo, visualizaba sus metas precisamente de esta manera. Me contó que cada mañana se iba a tomar una taza de café, volvía a la cama, se recostaba en unos almohadones y luego, sumido en un estado de relajación completa, repasaba mentalmente sus planes para ese día. Si tenía citas, ensayaba las palabras introductorias, el tono de la conversación, la expresión que debía poner.

Me dijo: "Atribuyo a esto buena parte de mi éxito. Cuando abordo mis actividades diarias, simplemente repito el papel que ya he ensayado. Esto alivia gran parte de la presión y disipa mucho estrés".

4. Llegue hasta el final sabiendo cómo relajarse

El estrés socava la sostenibilidad. La mayoría de los líderes prominentes sabe relajarse. Comprenden y practican el hábito de la soledad. Saben cómo pasar tiempo con sus propios pensamientos, planes y sueños.

La mayoría de los líderes prominentes comprende y practica el hábito de la soledad.

Usted puede hacer esto eficazmente incluso en entornos atestados de personas. Uno de mis socios solía pasar dos horas diarias viajando en autobús para trabajar en la ciudad de Nueva York. Cuando se trasladó a otra parte del país, redujo ese tiempo a menos de media hora en coche. Pero me dijo que echaba de menos el viaje en autobús, porque aquel era un tiempo en el que podía relajarse, tener comunión con Dios y repasar su visión y sus objetivos.

5. Llegue hasta el final al leer biografías

Las biografías de grandes personas fortalecerán su perseverancia porque le permiten ver cómo han tenido éxito otros grandes hombres y mujeres. Céntrese en personas de verdadero éxito. No se limite a los negocios, sino elija a aquellas personas cuyas cualidades como líderes les han hecho destacarse en otros campos, como la política, el deporte o la guerra. Habite en su mundo. Descubra qué los motivó, cómo resolvieron los problemas comunes a todos los seres humanos y qué es, en última instancia, lo que los hizo grandes. Una biografía honrada y perspicaz le proporcionará una gran educación.

Y no deje que le afecte

Los intentos de *Gospel Enterprise* de socavar mi ministerio nos crearon problemas imposibles de describir. En los primeros días, agoté todos mis ahorros, vendí mi coche y pedí préstamos para mantener a flote el ministerio. Cada vez que *Gospel Enterprise* conseguía cancelar una de nuestras reuniones, perdíamos todo el dinero invertido en los preparativos, un dinero que esperábamos recuperar gracias a las iglesias que hubieran asistido a ella.

En cuatro ocasiones distintas, nos enfrentamos a la bancarrota y al cierre. Quizá los líderes de *Gospel Enterprise* creían sinceramente que carecíamos de las calificaciones necesarias para trabajar en el campo del evangelismo en campaña. Pero en ese caso, ¿por qué plagiaron nuestros materiales? Un artículo que publicaron en una revista nos copiaba casi palabra por palabra.

Le puedo decir francamente que me alegro de verdad por el gran bien que hace *Gospel Enterprise* en su compromiso de alcanzar a las personas para Cristo. El hecho de que se opusieran a nuestro ministerio no puede negar eso. Aunque nos causó incontables sufrimientos y dificultades, Dios ha usado *Gospel Enterprise* para alcanzar miles de vidas.

Hoy día, muchos individuos de *Gospel Enterprise* no solo alaban el trabajo del Instituto Haggai, sino que algunos lo respaldan con sus oraciones y con su dinero.

Adoptamos la decisión visionaria de mantenernos firmes y, por la gracia de Dios, lo conseguimos.

Sean cuales fuesen los motivos de los líderes de esa organización, su oposición nos hizo más fuertes a mí y a mis colaboradores. Adoptamos la decisión visionaria de mantenernos firmes y, por la gracia de Dios, lo conseguimos.

Los éxitos adicionales

Un adagio bien conocido dice que uno no siempre obtiene lo que espera. De forma parecida, los éxitos de su vida pueden ofrecerle algo que supere la visión que le sirvió de punto de partida. Pero no cabe duda de que si renuncia a mitad de camino, no conseguirá nada.

Cristóbal Colón tuvo una visión que no compartió prácticamente nadie más. Él razonaba que si la Tierra era redonda, eso significaba que se podría llegar a Asia navegando hacia el Oeste, en vez de hacia el Este, lo cual abriría una nueva ruta comercial posiblemente lucrativa. Lo único que tenía que hacer era demostrarlo.

Sin embargo, lo primero que debía hacer era financiar la expedición. Probó con Juan II, rey de Portugal, pero no tuvo éxito, y luego con el conde de Medinaceli en España. El conde animó a Colón durante dos años, pero en realidad nunca le proporcionó el dinero y los suministros que necesitaba. Entonces Colón fue a ver a Fernando e Isabel, los reyes de Castilla. La reina nombró un comité para estudiar sus planes.

Colón no renunció. Creía en su misión y estaba decidido a defender unas condiciones más elevadas.

Convencer al comité distó mucho de ser sencillo. Pero Colón no renunció. Creía en su misión y estaba decidido a defender unas condiciones más elevadas. Pidió que lo nombrasen almirante de inmediato. También intentó convertirse en Virrey de todas las tierras que descubriese y recibir una décima parte de todos los metales preciosos que se extrajesen de ellas.

Aunque al principio rechazaron estos términos, al final la reina Isabel cambió de opinión y accedió a las condiciones del explorador.

Luego Colón tuvo que encontrar tripulaciones para los barcos. Eso parecía casi imposible, a pesar del perdón ofrecido a los criminales y a los "hombres quebrantados" que podrían participar en la expedición. Pero una vez más, Colón demostró su tenacidad, y al final fueron tres los barcos —la *Niña*, la *Pinta* y la *Santa María*— los que zarparon el 3 de agosto de 1492.

Tres días después, la *Pinta* perdió el timón. Tuvieron que reparar la carabela rápidamente y en secreto, porque había tres barcos portugueses intentando interceptarlos. El viaje estuvo plagado de incertidumbre, y las tripulaciones estuvieron a punto de amotinarse más de una vez. No avistaron tierra hasta el 12 de octubre.

No era el Lejano Oriente. Y Colón nunca visitó al Gran Khan de Catay como había esperado. Pero descubrió dos continentes nuevos y se convirtió en uno de los nombres más famosos en los libros de historia.

Resumen

Si usted es un líder, tendrá que experimentar presiones y problemas que pueden hacer que se cuestione su visión y se plantee si debe renunciar.

Pero la persistencia juega un papel esencial en el éxito. El líder tiene que mantenerse firme. Los líderes que sufren reveses en los primeros momentos tienen a menudo la fortaleza mental para superar las dificultades posteriores.

Para llegar al final, todos los líderes influyentes necesitan determinación.

Para llegar hasta el final, los líderes influyentes no necesitan educación, encanto, vínculos familiares, amigos poderosos, personal, equipamiento, materiales, prestigio o cualquier otra cosa: lo único que necesitan es determinación.

La perseverancia vence a los problemas y puede con la enfermedad, el deseo personal, las limitaciones económicas y los efectos adormecedores de la prosperidad, la oposición familiar y la traición de los colegas.

En algún momento de su vida, muchos líderes se plantean si deberían renunciar. Cuando llegan esos momentos, los líderes pueden fortalecer su sostenibilidad recordando su visión, centrándose en sus objetivos, mediante la visualización, la relajación y la lectura sobre otros líderes influyentes que alcanzaron lo que se propusieron.

La sostenibilidad garantiza el éxito.

Paso 11

Lidere con gracia

Durante años admiré a un vendedor de seguros llamado Ben Feldman, quien había superado todos los récords de ventas en la historia de los seguros. Sin embargo, vivía en una pequeña ciudad de Ohio, no en el centro de una metrópolis. En aquella época, vendía más seguros que el 70% de las compañías aseguradoras de los Estados Unidos.

Una tarde, cuando llegué a casa de vuelta del despacho, mi esposa Christine, sabiendo lo mucho que me fascinaba Feldman, me dijo:

—Ben Feldman acaba de salir en televisión.

—¿Qué aspecto tiene? —le pregunté, pensando que tendría una apariencia física impresionante, una voz atractiva y que sería guapo.

—Es bajito y un tanto gordo —me dijo—. No es lo que podríamos definir como atractivo. No resulta nada imponente, la verdad. Ni tampoco es un maestro de la retórica.

—Entonces me pregunto cuál es el secreto de su éxito.

—La cámara se centró en sus ojos —me contestó—. Cuando uno ve sus ojos, entiende su éxito. Transmitían una autoridad difícil de describir. Era algo indefinible, pero estaba ahí.

Un tiempo después, estuve con Ben Feldman en dos ocasiones. Era amable y respetuoso. Aunque no tenía un aspecto físico imponente, su modo de hablar tranquilo desprendía una autoridad que casi tumbaba de espaldas. Esta no surgía de una personalidad agresiva. Hablaba con voz pausada, pero su seguridad y su autoridad eran inconfundibles.

El señor de las moscas, una novela del escritor inglés William Golding, cuenta la historia de un grupo de escolares que se quedan atrapados en una isla tras un accidente de aviación. No sobrevive ningún adulto, solo los niños. Estos se reúnen en una playa, preguntándose qué hacer para que los rescaten.

Una de las primeras cosas que hacen es elegir por votación un jefe. Hay dos chicos que aspiran al cargo. Golding nos dice que "el líder más evidente era Jack. Pero Ralph desprendía una tranquilidad, allí sentado, que lo destacaba".[25]

El resto de la historia se centra en la lucha por el poder entre Ralph y Jack. Otros niños del grupo los consideran líderes a ambos, pero mientras que Jack ofrece aventuras y a menudo recurre a la fuerza, los otros chicos sienten una lealtad instintiva por Ralph.

En el siglo XIX, uno de los hombres más influyentes de los Estados Unidos era Charles G. Finney, un abogado de gran intelecto y erudición. Después de convertirse al cristianismo, se hizo evangelista. No tenía séquito, ni equipo de prensa ni de relaciones públicas, ni tampoco un sistema para dirigirse a las masas. Sin embargo, durante un período de seis semanas, su predicación hizo que 30.000 personas se convirtieran al cristianismo.

La autoridad es una cualidad interior. Los líderes influyentes la poseen independientemente de su trabajo o su posición social.

Incluso los detractores más acérrimos de Finney admitieron, a regañadientes, que tenía un aura de autoridad. Llamaba la atención y provocaba respeto. En una ocasión, visitó una fábrica textil en el estado de Nueva York. Antes de que lo presentaran, y que dijera una sola palabra, todas las miradas se centraron en él. Todos los trabajadores escucharon lo que tenía que decir. Tenía un aire de autoridad que capturó su atención.

Ben Feldman disfrutaba de esta cualidad. El Ralph ficticio también la tenía. La ex primera ministra británica Margaret Thatcher también, como el líder indio Mahatma Gandhi. Algo en la conducta de esos líderes transmitía a los demás que eran capaces y dignos de confianza. No gustaban a todo el mundo, pero todos los tomaban en serio.

La autoridad no equivale al poder

La autoridad es una cualidad interior. Los líderes influyentes la poseen independientemente de su trabajo o de su posición social. Les permite obtener el respeto de otros y motiva a estos a aceptar su liderazgo. No depende de ningún factor externo. Usted puede ser miembro de clubes exclusivos, tener ancestros ilustres, un cargo importante y ser atractivo físicamente, y aun así carecer de la autoridad esencial para el liderazgo influyente.

Por el contrario, el poder descansa exclusivamente en esos aspectos externos. El poder ejerce influencia solo en virtud de su posición. La persona intrínsecamente poderosa no existe. Usted ostenta poder como director, gerente general o senador exactamente durante el tiempo en que conserva su rango y posición. Desvinculado de la organización que lo nombró y despojado de los privilegios de su cargo, carece de todo poder.

Tener la autoridad y la capacidad de conservar el poder son cosas muy diferentes. Los poderosos disfrutan dominando a otros. En algunos casos, pueden considerarlo más importante que desempeñar los deberes de su cargo.

Usted puede ocupar el cargo más importante de su país y no ser un auténtico líder.

Por este motivo, no siempre atraen el respeto de otros. Tener un automóvil veloz o dirigir una gran empresa no hacen que usted les guste a otros ni que hagan lo que usted quiera. El poder no le ayudará a ejercer una influencia especial para conducir a un grupo hacia los objetivos permanentes y beneficiosos que satisfagan sus verdaderas necesidades. De hecho, posiblemente a usted ni siquiera le interesarán.

Como dijimos al principio de este libro, usted puede ocupar el cargo más importante de su país y no ser un auténtico líder.

Los líderes influyentes nunca buscan el poder ni lo disfrutan por sí mismo. Muchas veces es el pueblo el que les otorga el poder, porque reconoce instintivamente su valor como líderes. Aun así, no siempre lo aceptan.

Cuando Sun Yat-sen, fundador del partido nacionalista chino, volvió a su país natal tras el alzamiento de Wuhan en 1911, hizo algo sin precedentes. Al darse cuenta de que no obtendría un respaldo amplio siendo presidente de la nación, cedió voluntariamente el cargo a otro hombre, Yuan Shikai. La autoridad externa no le interesaba: la regaló. Sin embargo, al hacerlo, el pueblo lo reconoció como el verdadero líder del país. Su autoridad era irrebatible.

Jesucristo no tenía riquezas, una casa grande o un gran estatus social; sin embargo, suscitaba el respeto inmediato.

Como podemos esperar, Jesucristo poseía autoridad en abundancia. Los Evangelios no nos dicen que tuviera un aspecto físico imponente. No tenía riquezas, una casa grande o un gran estatus social. Según los estándares del mundo, no era un éxito. Sin embargo, suscitaba el respeto inmediato; quienes lo rodeaban ansiaban escuchar lo que tenía que decirles.

En la época de Jesús, una de las setenta personas judías más importantes de toda Judea era un hombre llamado Nicodemo. Pertenecía al comité gobernante llamado el Sanedrín. Observaba su religión meticulosamente. Sabía de memoria 400 leyes ceremoniales, ayunaba dos veces a la semana y oraba cuatro veces al día. En comparación, Jesús carecía de rango formal y no tenía un estatus oficial. No cabe duda de que Nicodemo era mayor que Jesús. Sin embargo, cuando ambos se encontraron, Nicodemo se dirigió a Jesús llamándolo *rabí*, que significa "maestro". Jesús poseía una autoridad que nadie negaba, ni siquiera sus detractores.

En el campo de los negocios, uno de los hombres más renombrados por su autoridad fue el empresario y millonario John D. Rockefeller. Poseía el 30% de las acciones de *Standard Oil*, que entonces era la compañía más grande y productiva de los Estados Unidos. Era un estratega empresarial consumado. Sin embargo, nunca sintió la necesidad de imponerse a sus colegas. Un adversario recuerda una reunión especialmente tensa con él y con los miembros de la junta de *Standard Oil*:

> Todo el mundo habló, menos el Sr. Rockefeller. Estaba sentado en una mecedora, impulsándose suavemente hacia delante y atrás, con las manos sobre el rostro. Yo me puse muy nervioso… y pronuncié un discurso que, imagino, sonó muy belicoso. Bueno, cuando estaba a la mitad, John Rockefeller dejó de balancearse, bajó las manos y me miró. Nunca había visto unos ojos así. Me analizaron de arriba abajo, captaron hasta qué punto podía yo ser peligroso, y yo lo supe, y luego alzó de nuevo las manos y siguió meciéndose en la silla.[26]

La monja yugoslava

Agnes Gonxha Bojaxhiu, nacida en Skopje, Macedonia, en 1910, e hija de un tendero albanés, fue llamada a la vida conventual a los doce años de edad. Pasó a formar parte de las Hermanas de Loreto y fue misionera en la India oriental. En 1946 recibió un segundo llamado, esta vez para abandonar el convento y vivir entre los pobres.

Uno de sus primeros proyectos fue la construcción de un hogar para los moribundos sin techo de Calcuta. Fue un lugar donde quienes no tenían hogar, los olvidados, podrían morir en paz, conociendo el amor y la ternura. Ese proyecto condujo a otros: un orfanato para niños abandonados, una colonia para leprosos, un hogar para ancianos, un taller para desempleados y un comedor social gratuito. Hoy día, las Misioneras de la Caridad ministran a los enfermos, a los moribundos y a los indigentes en 31 países.

Gonxha Bojaxhiu —más conocida como madre Teresa de Calcuta— renunció sistemáticamente a cualquier exceso. Solo poseía dos mudas de ropa. Cuando un seguidor le regaló un coche caro —un Lincoln descapotable blanco, con asientos de cuero rojo—, ella lo subastó para beneficio de los pobres. Su oficina solo contenía una línea telefónica, y durante un tiempo, ella dudó de que fuera necesaria. En los trenes, viajaba en tercera clase. Su organización carecía de equipo de relaciones públicas y no se promocionaba.

Sin nada de lo que podríamos reconocer como poder, la madre Teresa fundó una orden de monjas y hermanos entregados que hoy día trabajan en cinco continentes.

Sin nada de lo que podríamos reconocer como poder, la madre Teresa fundó una orden de monjas y hermanos entregados que hoy día trabajan en cinco continentes. Se convirtió en un símbolo internacional de bondad, honrada por los líderes políticos de todo el mundo. En 1979 recibió el Premio Nobel de la Paz porque "los más solos, los más desdichados y los moribundos... reciben de sus manos una compasión exenta de condescendencia".

Los US$ 192.000 que acompañaron al premio fueron destinados a construir un hospital de leprosos en la India.

La debilidad del poder

El general Samson Tucay dirige el Instituto Nacional de Entrenamiento Policial de Filipinas. Administra 20 centros totalmente equipados, con un programa para formar a los 110.000 agentes de la Policía Nacional Filipina (PNP, por sus siglas en inglés) y a todos los nuevos reclutas.

Sin embargo, desde 2004 este graduado del Instituto Haggai ha sido el pionero de un programa mucho más extraordinario con sede en los Estados Unidos. Este va destinado solamente a los "sinvergüenzas": los policías corruptos que están a punto de ser despedidos.

Tucay dice: "Antes de que los expulsen del servicio, los traigo aquí para formarlos aislados de los demás e intento llegar a un acuerdo con ellos para reinsertarlos en el cuerpo de policía".

Por *Subic Bay* han pasado más de 2.000 policías. La determinación de Tucay de continuar con el programa, así como su éxito sorprendente, se remontan a una amarga experiencia personal.

"Yo mismo era un monstruo como consecuencia de la formación policial que recibí —admite—. Eso destruyó mi dignidad humana y me llenó el corazón de odio. Me convirtió en un policía arrogante y deshonesto".

Todas las organizaciones militares tienen jerarquías rígidas. Todo el mundo conoce su lugar y el de los demás. Esto contribuye a que la unidad de combate sea eficaz durante una batalla. Lo importante es que la obediencia a una orden no depende de la cualidad de liderazgo que posean los oficiales, aunque muchos son buenos líderes. De hecho, la estructura está diseñada para seguir funcionando incluso si los líderes tienen poca inteligencia o fortaleza de carácter.

Carentes de una genuina autoridad, las estructuras de poder decaen inevitablemente.

Pero carentes de una genuina autoridad, las estructuras de poder decaen inevitablemente. En el caso de Tucay, la estructura de poder del PNP había llegado hasta el punto de permitir que la conducta abusiva se filtrase de un rango al siguiente. Alguien tenía que intervenir.

La respuesta de Tucay fue la de eliminar de sus aprendices todos los símbolos del poder: teléfonos móviles, relojes, incluso las visitas de sus familiares. Los despertaban cada mañana a las cuatro, y debían someterse a un riguroso ejercicio físico que duraba, casi sin interrupción, hasta las ocho y media de la noche.

Pero aunque retiró todos los obstáculos del poder y de la posición, Tucay asegura que su personal ofreció excelentes ejemplos de autoridad.

"El entrenamiento es muy duro —dice—, pero ninguno de nosotros les grita, ni les insulta ni los castiga. Participamos en todas las duras actividades físicas que realizan. Comemos los mismos alimentos que ellos. Dormimos en las mismas camas incómodas. Simplemente les decimos que el hecho que estén aquí con nosotros tiene un propósito, que es el de Dios: que acepten a Dios en sus vidas y se esfuercen por vivir desde entonces esa aceptación".

La experiencia de Tucay ilustra el tipo de problema que surge cuando existe el poder sin autoridad personal. La incapacidad de ganarse el respeto de otros privó a muchos agentes del PNP de la legitimidad que merecía su rango.

El ejército empresarial

Los hombres de negocios no llevan barras que indiquen su jerarquía, pero pueden idear otras maneras de manifestar el estatus. La llave del baño para ejecutivos, un estacionamiento privado, un traje comprado en *Savile Row*, una segunda secretaria y un sueldo elevado se cuentan entre las muchas cosas que simbolizan el poder en el mundo de los negocios.

En un libro revelador, *Power: How to Get It, How to Use It* [Poder: cómo conseguirlo, cómo usarlo], Michael Korda describe el valor simbólico de una limusina. "Las limusinas alquiladas son menos prestigiosas que las que son propiedad de alguien, un Rolls Royce es más prestigioso que un Cadillac, y nada se iguala a un Mercedes con el cromado pintado de negro y las ventanas traseras tintadas para que no se vea al ocupante".[27]

Solía decirse que se podía juzgar la posición de un hombre de negocios por el número de teléfonos sobre su escritorio. Hoy día, a medida que la tecnología se afirma cada vez más en las comunicaciones de negocios, los líderes empresariales dependen aún más de los especialistas en la tecnología de la información. Korda afirma, con razón: "El primer indicador de un ascenso al poder suele ser una indefensión paulatina".

Hasta los zapatos pueden simbolizar el poder.

El líder influyente recibirá el poder como un don y una responsabilidad, no como una recompensa anhelada.

"Por lo general, los poderosos llevan zapatos sencillos —dice Korda—. Son zapatos con cinco ojetes para los cordones comprados en *Brooks Brothers*, por ejemplo, y los cordones siempre van rectos, nunca cruzados, y son redondos y encerados. Los zapatos que tienen la puntera cuadrada, los tacones altos o grandes hebillas de latón, o bien costuras en lugares extraños, o que están cortados como botas de montar, no son en absoluto símbolos de poder, y hay que evitarlos".[28]

Otro juego de poder conlleva el uso de teléfonos. Korda dice, por ejemplo, que recibir llamadas telefónicas reduce el poder, mientras que hacerlas lo aumenta. Por consiguiente, el ejecutivo ambicioso debería hacer todo lo posible para evitar que lo llamen. Es mucho mejor recibir mensajes y más tarde devolver la llamada.

Todo esto no quiere decir que un líder influyente deba rechazar los beneficios de la promoción laboral, rehusando de plano un aumento de salario, un ayudante personal o un despacho más grande. Sin embargo, en los negocios la ambición del poder raras veces desaparece del todo. El respaldo simbólico de la veteranía puede ayudarle a forjar y conservar relaciones con clientes importantes.

Por ejemplo, en cierta ocasión ascendieron a un amigo, que pasó de ser jefe de departamento a vicepresidente de una editorial grande, y que recibió ciertos extras adecuados a su nuevo cargo: invitaciones a reuniones de alto nivel, un coche de la empresa, una nueva plaza para estacionar, un nuevo título. Él concedía poca importancia a tales cosas, pero pronto descubrió que significaban mucho para quienes trabajaban con él. El honor que se le confirió se reflejó en su sector, donde aumentó el compromiso y la moral.

El poder no otorga el liderazgo; la autoridad personal, sí.

Los líderes poseen cierto grado de poder, tanto si lo buscan como si no. Que un grupo lo reconozca como líder —aunque sea informalmente— otorga poder. Pero el líder influyente recibirá el poder como un don y una responsabilidad, no como una recompensa anhelada. El poder no otorga el liderazgo; la autoridad personal, sí.

Decisiones visionarias que le ayudan a liderar con gracia

Los líderes que hacen su trabajo con gracia poseen una autoridad que nunca cede ante la coerción. En lugar de eso, trabajan ganándose el respeto y la confianza. Como sucede con otros aspectos del liderazgo influyente, esta autoridad, hasta cierto punto, se da en todas las personas. Usted puede alimentarla y desarrollarla. Por lo tanto, decídase a tomar estas decisiones visionarias para ayudarle a liderar con gracia.

1. Lidere con gracia al aceptar la autoridad de otros

No creo que nadie deba ejercer liderazgo sobre otros hasta que él o ella hayan aprendido primero a aceptar la autoridad de otra persona.

Además, incluso cuando una persona ocupa una posición de liderazgo, debe ser responsable ante otras. Como líder, usted debe dar cuentas a otros, como su jefe inmediatamente superior o un mentor personal. Quizá deba dar cuentas a un grupo, como una junta directiva o accionistas. En algunas situaciones, los líderes empresariales forman grupos de responsabilidad, donde cada uno de los miembros del grupo es responsable ante los otros.

Sin responsabilidad, incluso la persona con mejores intenciones está expuesta al mal uso del poder.

Los líderes influyentes buscan y respetan la responsabilidad. Sin esta, incluso la persona con mejores intenciones está expuesta al mal uso del poder.

2. Lidere con gracia descubriéndose a sí mismo

La autoridad nace del conocimiento propio. Usted debe saber quién es y debe ser feliz con lo que sepa.

¿Se conoce a sí mismo? Muchos intentan ocultar incluso a sí mismos sus deseos más profundos, sus temores y sus motivaciones. Cierran y echan la llave a la puerta de su psique interior. En lugar de ello, adoptan una pose de falsa osadía, temerosos de que revelar su verdadero yo haga que otros los rechacen o bien que los lleve al fracaso.

El líder influyente no intenta ser otra persona. Usted puede poseer una autoridad interna genuina solo si está en paz con su yo interior; si entiende que usted es una persona a la que vale la pena seguir. Para llegar a ese punto, primero tiene que descubrirse a sí mismo.

Pase un tiempo al final de cada día reflexionando sobre lo que ha hecho y sobre lo que ha aprendido de usted mismo. Trascienda el círculo de su propio interés y mírese clara y objetivamente. Anote sus puntos fuertes y sus debilidades.

Hacer inventario de las cualidades que Dios le ha dado mantendrá sus pies en el suelo.

Hacer inventario de las cualidades que Dios le ha dado mantendrá sus pies en el suelo. Sabrá quién es usted. Sabrá que Él lo acepta y le hace un llamamiento y, en consecuencia, disfrutará de una mayor claridad en sus relaciones personales.

A un líder influyente, nunca se le pasaría por la cabeza intentar que se organizase una cena ceremonial en su honor. Se conoce sinceramente mediante la comprensión, el perdón y la aceptación de sí mismo. Como líder influyente, usted ni deseará los halagos de otros ni sentirá la necesidad de halagar a nadie. No se sentirá inferior a otros ni tampoco superior a ellos; ni buscará cumplidos ni será condescendiente.

El líder influyente poseerá siempre fortaleza interior. Aunque le falte juventud, salud y fuerza física, su poder natural seguirá intacto.

Se mantendrá tranquilo y sereno, y nunca tendrá miedo de mirar a otra persona a los ojos.

3. Lidere con gracia desarrollando la confianza en sí mismo

Usted puede liberar la confianza en sí mismo si elimina el miedo al fracaso.

Lo irónico del caso es que el miedo al fracaso a menudo tiene poco que ver con el fracaso en sí mismo. Más bien se centra en las consecuencias del fracaso, el temor a que sus amigos lo abandonen o tenga que padecer la humillación y la vergüenza.

Usted superará el miedo al fracaso si admite que esa angustia es irracional. El fracaso raras veces conduce al aislamiento o la humillación. Sus amigos no lo condenarán por errar el blanco, pero sí que pueden cuestionar su buen juicio si ni siquiera intenta acertar. Las buenas personas jamás abandonan a los valientes, los honestos y los emprendedores. El mayor peligro no es que lo abandonen, sino que usted se abandone a sí mismo.

Es mucho mejor intentar algo grande y fracasar que no intentar nada y conseguirlo.

Es mucho mejor intentar algo grande y fracasar que no intentar nada y conseguirlo.

La culpa también ahoga la confianza en uno mismo. Quizá lo hayan programado para que se sienta culpable por tener dones o habilidades especiales. Esos son dones de Dios, y no debe sentirse culpable al respecto. Quizá sienta que constantemente es incapaz de alcanzar los elevados estándares de Dios. Tal vez su aspecto o algún problema físico le moleste. Si no puede cambiar tales cosas, acéptelas. Empiece aceptándose a sí mismo como es.

Luego, felicítese. Si realmente se acepta como es, descubrirá ciertos aspectos de su persona que merecen que esté agradecido. Cada uno de nosotros tiene rasgos positivos y negativos. Admita claramente tales cosas. Solo después de aceptarse y felicitarse por esos puntos fuertes que posee intentará mejorar.

Quizá debiera comenzar con un programa de ampliación de vocabulario, una dieta para perder peso o un plan exhaustivo para mejorar su salud. Sea lo que fuese, su esfuerzo supondrá un cambio para mejor, y el cambio positivo conlleva esperanza. Tener una visión para el cambio, planificarlo y ver cómo tiene lugar son cosas que desarrollarán la confianza en sí mismo, que a su vez fortalecerá su autoridad.

4. Lidere con gracia aceptando la importancia de su visión

Observo a muchos líderes totalmente inmersos en el trabajo de su vida, persiguiendo su misión con una concentración total de mente y de propósito. Esos líderes tienden a manifestar más autoridad que otros. Saben adónde van y dirigen a quienes los rodean de una forma clara y concentrada. Entregados a las personas, los proyectos y una causa importante, piensan en sus responsabilidades constantes. Todo esto refuerza la confianza y la competencia subyacentes en la autoridad.

Liderar con una gracia cómoda exige que un líder preste atención a sus relaciones.

Sin una visión firme, usted acabará tomando las mismas decisiones una y otra vez porque tendrá dudas constantes y se verá tentado a cambiar de rumbo. En ese estado, todo es negociable, incluso la visión que afirma perseguir. Siempre estará buscando una nueva moda o actividad que llame la atención del público.

5. Lidere con gracia recordando su relación con otros

Liderar con gracia exige que un líder preste atención a sus relaciones. La conducta es importante, como lo es la impresión que usted dé. Por ejemplo:

- *No manifieste fatiga.* Si está entregado a una meta y le gusta avanzar hacia ella, a veces puede pasar por alto las señales de advertencia de la fatiga. En muchos casos, otros percibirán su cansancio antes que usted, lo cual perjudicará su confianza en su persona. Cuando esté cansado, admítalo ante usted mismo y apártese de la escena; descanse. Que los demás lo vean sólo cuando esté fuerte. Usted podrá ser el jefe, una celebridad de portada, el mejor atleta, pero en el mismo momento en que otros lo ven fatigado, detectan debilidad, y su confianza puede deteriorarse.
- *Siga su propio consejo.* Compartir sus alegrías y sus penas, hablar sobre sus éxitos y sus fracasos, encontrar a alguien que nos entienda son cosas que nos confortan. Pero, excepto en el caso de algunas relaciones especiales, este acto diluirá su autoridad. El estadista y científico estadounidense Benjamín Franklin dijo: "Que nadie te conozca a fondo; quien ve el fondo del río lo vadea fácilmente". Esto no quiere decir que usted deba ser furtivo o retorcido; simplemente, debe tener cierto grado de autosuficiencia. Limite la revelación que hace de sí mismo a unas pocas personas de confianza: su esposo o esposa, un amigo íntimo, un mentor. Por lo demás, guarde sus pensamientos para sí mismo.
- *Respete los derechos y las emociones de otros.* Deje que otros sepan que es consciente de su existencia. Sea sensible a su individualidad, sus progresos, su posición. Honre a quienes merezcan honor, pero no sea obsequioso. Muestre su respeto por los conceptos, la inteligencia y las capacidades de otros. No le diga al carpintero cómo debe hacer su trabajo ni al médico cómo diagnosticar su salud. Recurra a la buena educación; sea amable. Muestre respeto tanto por la persona que contesta al teléfono en un despacho

como por el presidente de una compañía. Muestre su conocimiento de la cultura de otra persona (y su interés por ella). Tolere las creencias y las costumbres de otras personas a menos que produzcan un grave conflicto con sus propios valores. Respete a los demás y al hacerlo evitará la grosería, la crítica o la desconsideración.

6. Lidere con gracia luchando para obtener la excelencia

Haga todas las cosas lo mejor que pueda. La excelencia conlleva su propia satisfacción, y hacer lo mejor reforzará su autoridad a los ojos de sus seguidores.

La excelencia conlleva su propia satisfacción.

Todo el mundo puede destacarse en algún área. Vuelva a repasar los puntos fuertes que descubrió en sí mismo. Esas son las áreas en las que debe concentrarse cuando intente alcanzar la excelencia, porque son los lugares en los que se destaca de forma más natural.

Resumen

Cuando decimos que alguien es un líder nato, normalmente queremos decir que posee autoridad. La autoridad radica en diversas cosas: en el carisma, la trayectoria, la autoestima, la personalidad; cosas que, unidas, suscitan el respeto de los demás.

La autoridad no tiene nada que ver con las características o los actos físicos de una persona. Tampoco depende de la riqueza, la posición social o el estatus. Para adquirirla, usted no necesita tener éxito. La autoridad reside en la convicción de que puede guiar a las personas de su grupo hacia metas que tengan un objetivo permanente.

Muchos confunden la autoridad con el poder, pero este no tiene que ver con la fortaleza y la capacidad personales. Una persona adquiere poder de otros, que también pueden arrebatárselo. En los negocios, sobre todo, los indicios y la parafernalia del poder confieren ventajas.

Primero, son una señal de que usted ha alcanzado una categoría superior. Y segundo, en ocasiones reflejan bien y simbolizan el éxito del equipo que trabaja a sus órdenes.

Pero buscar el poder por sí solo conseguirá apartarlo de su visión. Si se concentra en potenciar su estatus social o se fía del poder como medio para influir en otros y motivarlos, es improbable que llegue muy lejos con su liderazgo. Interesarse demasiado por ser el jefe perjudica la autoridad de la que depende todo el éxito de un líder. Si sus seguidores no lo respetan por ser quien es, nunca podrá liderarlos de verdad.

PASO 12

APROVÉCHESE DE LA AMBIGÜEDAD

Ya he mencionado el viaje que hice a Beirut en 1964. Y luego, los días de soledad que pasé en la isla indonesia de Bali potenciaron la visión de una formación para el liderazgo internacional.

Al principio no tenía planes para hacer realidad la visión por mí mismo. Mi hijo tetrapléjico me quería, y yo lo idolatraba. Dios le había concedido una gran mente, pero sus capacidades intelectuales sobresalientes estaban atrapadas en el cuerpo de un Cuasimodo. Debido a sus necesidades, yo no tenía ninguna intención de viajar.

Por lo tanto, trasladé la visión a mi denominación, pensando que ellos entenderían de inmediato el concepto y lo adoptarían como una estrategia de misión para el mundo. ¿Qué podría tener más sentido que formar a líderes cristianos de países en vías de desarrollo? Al haber nacido dentro de sus respectivas culturas, esos líderes se relacionarían mucho mejor con sus compatriotas que los misioneros occidentales. Y el costo de mantener un misionero en el campo de misión durante 20 años ofrecería formación para 200 líderes nacionales acreditados.

Un análisis histórico breve revela que la influencia empieza por arriba, nunca por abajo. ¿No es esto cierto cuando se funda una iglesia, se lanza un negocio o se abre una escuela?

Por consiguiente, el pensamiento sobre la misión estratégica se centra en aquellos que tienen posiciones de gran responsabilidad y unas credenciales impecables. Incluso si yo fuera el mayor orador desde Demóstenes y el mayor estratega desde Josué, ¿cómo podría comenzar a llegar a los millones de personas a las que pueden alcanzar esos líderes estelares? Parecía algo evidente.

Pero los líderes de mi denominación rechazaron la idea. Se burlaron de ella. Según su punto de vista, la toma de decisiones era cosa suya. Exigían que los líderes de los ministerios nacionales actuasen en consonancia con las oficinas internacionales con sede en los Estados Unidos.

De hecho, lo cierto era que la mayoría de los que dirigían la oficina central llevaba años sin trabajar en las misiones. En aquella época, las circunstancias habían cambiado drásticamente. Por ejemplo, al final de la Segunda Guerra Mundial, Asia solo podía señalar dos naciones soberanas: Japón y Tailandia. Los poderes occidentales supervisaban mediante el régimen colonial todos los otros países del continente más grande del mundo.

Pero menos de veinte años después, todos ellos eran países soberanos. Eso cambiaba su forma de pensar. Las personas libres e independientes, ¿se someterán a los edictos de aquellos que las consideran subordinadas o inferiores? Ya conoce la respuesta.

Debo decir que los dirigentes de la junta de misiones de mi denominación me visitaron más tarde para disculparse por "30 años de obstruccionismo". Por supuesto, no lo habían hecho de mala fe. En ese entonces pensé, como pienso ahora, que carecían de información y de perspectiva esenciales.

Nada obstaculiza tanto el progreso en el evangelismo mundial como los occidentales que creen sinceramente que Dios les ha concedido el mandato de imponer a otros su forma de pensar.

Pero nada obstaculiza tanto el progreso en el evangelismo mundial como los occidentales que creen sinceramente que Dios les ha concedido el mandato de imponer a otros su forma de pensar.

Algunos de mis amigos más queridos me criticaron, diciendo: "¿Cómo puede John Haggai, producto de una segunda generación de misiones en el extranjero, socavar el ministerio glorioso de nuestros misioneros en otros países?".

Nadie lo entendió. Muchos siguen sin comprenderlo, incluso después de cuatro décadas durante las cuales una frontera tras otra se ha cerrado a los misioneros. Ha pasado una generación, y la misma forma de pensar sigue inmovilizando la actuación de las iglesias occidentales. Incluso si aceptan el modelo de formar a líderes no occidentales para que evangelicen, siguen insistiendo en que Occidente debe ser el que imparta la formación.

Aquí el problema es la ambigüedad. Los patrones geopolíticos se alteran sutilmente casi cada día. Si realmente la historia vio alguna vez un día de realidades fijas, de certidumbre, de estabilidad, ese momento se desvaneció hace mucho tiempo. Hoy día las cuestiones son la incertidumbre, el cambio, la contradicción. Aferrarse a los métodos de hace cien años puede proporcionar un consuelo psicológico, pero no hará que su liderazgo sea relevante, influyente o eficaz.

Los líderes deben aprovecharse de la ambigüedad.

La ambigüedad nuestra de cada día

Una situación estática, donde hay pocos cambios y todo avanza por una vía más o menos predecible no exige liderazgo, solo administración.

Añadamos la incertidumbre —la probabilidad de que el éxito de hoy se convierta en el fracaso de mañana, que la seguridad actual se convierta en el riesgo futuro— y de repente necesitamos líderes. Si los líderes no pueden gestionar la ambigüedad —no logran preverla ni controlarla—, no ofrecen liderazgo.

Si no puedo tolerar la incertidumbre, haré todo lo que sea para resolverla. Lamentablemente, en casi toda circunstancia de liderazgo, el tiempo excluye tales recursos. Además, es posible que la información necesaria esté fuera de mi alcance, incluso si tengo tiempo de buscarla.

El líder influyente admite la necesidad de correr riesgos y practica la toma de decisiones clara.

Esto me obliga a dar un salto de fe. En semejante circunstancia, una persona que no logre enfrentarse a la incertidumbre se quedará atrapada en la indecisión o se hundirá bajo la presión. Por el contrario, el líder influyente admite la necesidad de correr riesgos y practica la toma de decisiones clara, que no es lo mismo, por cierto, que limitarse a apostar o que ser demasiado perezoso como para estudiar los datos disponibles.

Pero la ambigüedad involucra la incertidumbre no solo en la toma de decisiones, sino también en el conocimiento. ¿Puedo tener certidumbre en mi conocimiento de Dios? No. A Dios lo aprehendo solo por la fe. Mi creencia en Dios es una afirmación de fe, no científica.

Muchos amigos pierden el tiempo intentando demostrar que la creencia en Dios es racional. Encuentro increíble que las personas hicieran esto. Toda afirmación, incluso las de la ciencia, está fundada en última instancia sobre la fe, es decir, sobre hipótesis que nadie puede verificar independientemente. Por ejemplo, una persona, sin tener en cuenta cuál sea su filosofía o teología, debe asumir siempre la existencia de una causa primera.

Lo que distingue al líder influyente se desprende de su capacidad de vivir en función de un dogma de fe, no de las circunstancias en que vive. Una persona que no es capaz de enfrentarse a la ambigüedad no puede hacerlo. Al final, toda visión manifiesta una afirmación de fe. El hombre nunca puede tener la certidumbre del mañana. Cree que Dios reveló la visión, lo cual le da fe en ella y lo motiva a dar los pasos necesarios para ponerla por obra.

Todos los líderes influyentes corren riesgos y entregan sus vidas por entero a la visión.

Esto explica por qué todos los líderes influyentes corren riesgos y entregan sus vidas por entero a la visión. Ven una realidad futura, mientras otros prefieren vivir en la certidumbre del presente y la guía segura de sus superiores.

Pero la ambigüedad no solo existe en el propósito y el objetivo de mi vida, sino que también permea mi vida cotidiana. Una persona que no soporte la ambigüedad se crea un código de normas o leyes que le dicen qué debe hacer en cada circunstancia. De esta manera, elude la responsabilidad de lo que hace; se limita a obedecer las instrucciones.

Un líder influyente nunca duda en aceptar la responsabilidad por sus actos. No se fija en las normas, sino en el sistema de valores subyacente en ellas. Toma decisiones visionarias basadas en la interacción entre su sistema de valores y su situación actual.

Esto puede generar mucha incertidumbre, sobre todo cuando los valores entran en conflicto. Pero el líder influyente vive con el riesgo de tomar una mala decisión. Sabe que la peor decisión es no decidir. Además, sabe que no debería intentar tomar decisiones correctas, sino hacer que sus decisiones sean correctas. Lo primero implica que cada decisión se conforma o deja de conformarse con un plan divino perfecto y predestinado. Lo segundo, que refleja Santiago 1:5, simplemente nos anima a tomar decisiones responsables fundamentadas en la sabiduría que recibimos de Dios.

Por eso evito implicar a Dios en mi toma de decisiones. Nadie me ha oído decir nunca: "El Señor me ha llevado a hacer esto o lo otro". Si la empresa evidencia el movimiento de su mano poderosa, entonces digo: "El Señor me guió en este proyecto".

Cuando estudiaba para el ministerio, un compañero de clase me dijo: "El Señor nos ha guiado a Susana y a mí para que nos casemos". Unos meses después, cuando le pregunté por su relación sentimental, me dijo:

—El Señor nos guió para que rompiéramos.

—Al Señor le está costando tomar una decisión para ustedes, ¿no crees? —le pregunté.

Decidí que nunca haría hipótesis sobre los puntos específicos del liderazgo divino. Tampoco cederé si no estoy convencido de que Él me está guiando en un asunto determinado.

Cuando usted rehúsa tomar sus propias decisiones, alguien las toma por usted.

Cuando usted rehúsa tomar sus propias decisiones, alguien las toma por usted. Como resultado, usted pierde su libertad y se convierte en esclavo de alguien. En Gálatas 3 y 4, Pablo habla sobre la esclavitud a la ley en contraste con la madurez espiritual, a la que se llega cuando uno experimenta la libertad de la ley y se responsabiliza de su propia vida.

Los líderes influyentes viven una vida de fe y de confianza en Dios. Abandonan para siempre la necesidad de obtener certidumbre sobre dónde acabarán en esta vida. Como dice el autor de Hebreos, Abraham no sabía adónde iba, pero conocía por fe al Dios que lo llevaba hasta allí.

No espere que la angustia disminuya

En los primeros años, yo no estaba seguro de que el concepto del Instituto Haggai funcionase.

Durante veintidós años, viví al filo de la bancarrota. Solo una vez, en diecisiete años, tuve dinero suficiente para sufragar un seminario de formación el día que empezó.

Quienes tienen la capacidad de gestionar la ambigüedad frustran a los demás por no ser lo bastante específicos o por no ofrecer detalles a la hora de resolver ordenadamente un problema. En la década de 1960, actué basándome en la visión que creía que Dios me había otorgado. No tenía muchas de las respuestas. Sin embargo, un líder extranjero, cuya inteligencia y posición admiro y respeto, me contó hace poco que el Instituto Haggai tiene más influencia hoy día que el Departamento de Exterior de cualquier país.

Hace cuarenta años, el reto consistía en sobrevivir. En aquella época, el Instituto Haggai no tenía dinero, prestigio ni currículo. Ahora, con activos por valor de millones de dólares, un currículo reconocido en todo el mundo y una oportunidad de proporciones sin precedentes, el reto se centra en mantener la organización fiel a la visión sobre la que se fundó. Y eso requiere correr riesgos dentro de un entorno geopolítico cada vez más ambiguo.

Los hombres y las mujeres que han hecho grande el mundo no tenían una red de seguridad.

Generalmente, los hombres y las mujeres que han hecho grande el mundo no tenían una red de seguridad.

Recuerdo a John Templeton, que cambió los conceptos de inversión del siglo XX mediante la introducción de la inversión global.

Pienso en Richard M. DeVos y en su colega Jay Van Andel. Corrieron riesgos enormes y pagaron altos precios. Hoy día, las personas solo ven el valor económico del negocio.

Pienso en Mochtar Riady y en sus hijos, James y Stephen. Mochtar corrió el riesgo de iniciar un negocio. Construyó "Ciudades del Mañana" de talla mundial y para conseguirlo jamás pidió un préstamo.

James me contó que su padre visitó el emplazamiento propuesto de la ciudad y convenció a los indonesios que vivían en chozas al lado de la autopista para que confiasen en él y trabajaran para él. Les proporcionó viviendas dignas y un estilo de vida económico mayor de lo que podrían haber imaginado.

"Si primero hubiera que superar todos los obstáculos posibles, nunca se haría nada".

Es cierto que hoy día Mochtar y sus hijos son multimillonarios. Pero la riqueza les ha llegado tras años de vivir y trabajar con una ambigüedad considerable. Y dentro del entorno global de hoy día, la ambigüedad sigue siendo un hecho de esta vida en todos los niveles económicos.

En mi oficina, tengo una placa que dice: *Si primero hubiera que superar todos los obstáculos posibles, nunca se haría nada.* Las personas que no toleran la ambigüedad deben tener todas las respuestas antes de dar un paso. Nunca alcanzan su potencial.

¿Usted tolera bien la ambigüedad?

Quienes aprovechan la ambigüedad gestionan cómodamente los cambios. Como dijo el filósofo griego Heráclito: "No te puedes entrar dos veces en el mismo río". Las cosas pueden parecer igual que siempre, pero nunca lo son. El cambio constante abarca toda la existencia. El presente se convierte en pasado, y el futuro, en presente.

Los cambios son constantes. Todos los seres vivos tienen la tendencia natural a crecer. Mire un árbol y verá, en una representación visual, la historia de la lucha de ese organismo para crecer a pesar de las fuerzas contrarias de la gravedad y del viento. Nunca verá un árbol estático. Una organización tampoco puede serlo.

El cambio no lo espera, de la misma manera que un automóvil en movimiento no espera que el conductor agarre el volante. El coche ya está moviéndose. Eso quiere decir que las sociedades, las compañías y las organizaciones se estrellarán, casi de forma literal, a menos que la persona que las lidere tenga la capacidad de asimilar los cambios. Todo consiste en leer la carretera y usar el timón.

Un líder no debe simplemente tolerar o aceptar el cambio, sino fomentarlo.

John Templeton dijo en cierta ocasión que "un líder debe fomentar el cambio". No debe simplemente tolerar o aceptar el cambio, sino *fomentarlo.* En aquella época, Templeton tenía 70 años. Me resulta refrescante pasar tiempo con una persona que adoptó una actitud activa hacia su negocio y que usó el pasado sólo para dar sentido al presente y como dirección para planificar el futuro.

En su programa, el *Ambiguity Architect*, Randall P. White y Philip Hodgson[29] identifican la conducta de quienes saben aprovechar o no la ambigüedad. Los que saben cómo gestionarla:

- Saben adaptarse eficazmente a los cambios.
- Pueden cambiar de marcha cómodamente sin necesidad de dar explicaciones detalladas.
- Pueden decidir y actuar sin disponer de la imagen global.
- No se estresan cuando las cosas se quedan en el aire.
- No tienen que acabar una tarea para pasar a otra.
- Pueden manejar cómodamente el riesgo y la incertidumbre.

Por el contrario, quienes no saben administrar la ambigüedad:

- No se sienten cómodos con el cambio o la incertidumbre.
- Es posible que no rindan bien cuando tengan problemas difusos, sin una solución o un resultado claro.
- Necesitan más datos que otros y prefieren la estructura a la incertidumbre.
- Prefieren las cosas bien hilvanadas y seguras.
- Son menos eficientes y productivos sometidos a la ambigüedad.
- Son demasiado propensos a cerrar un negocio.
- Es posible que sientan una fuerte necesidad de acabarlo todo.
- Puede que les guste hacer las cosas de la misma manera y sucesivamente.

Todo se reduce a la adaptabilidad. Las personas a las que no les gusta la ambigüedad juegan un papel esencial en las organizaciones. Se inclinan por actividades definidas, detalladas y mensurables; hacen buenos informes y cálculos, y aceptan responsabilidades intrincadas. Todas las organizaciones necesitan esas capacidades.

Pero solo aquellos que saben aprovechar la ambigüedad pueden empezar de cero y conseguir grandes cosas. Son las personas que han aprendido lo que es el liderazgo influyente. Han tomado decisiones visionarias para liderar, en lugar de conservar.

Decisiones visionarias que le ayudan a aprovechar la ambigüedad

Sin directivos, los líderes no pueden crear la estructura organizativa necesaria para buscar y mantener una visión. Pero sin líderes, los directivos no tienen nada que administrar. Usted nunca podrá huir de la ambigüedad. Por lo tanto, decídase a tomar estas decisiones visionarias que le ayuden a aprovechar la ambigüedad.

1. Aproveche la ambigüedad decidiendo ahora cuál será su próximo paso

Es obligatorio determinar de antemano su siguiente paso.

Si espera hasta completar su paso anterior, se encontrará perdido sin rumbo en el desierto de la incertidumbre innecesaria. En el curso normal de un día, a veces sentirá que la situación es opaca: es como mirar a través de un cristal empañado para intentar ver el interior de una habitación. Las acciones, las reacciones y los sucesos imprevistos pueden alterar su curso de acción.

Planifique su estrategia antes de alcanzar una crisis.

Por lo tanto, planifique su estrategia antes de alcanzar una crisis. Una vez se presente esta, habrá demasiadas cosas que exijan su atención. Le resultará más difícil actuar decisivamente y de un modo que le haga avanzar hacia su objetivo.

2. Aproveche la ambigüedad manteniendo la vista fija en su destino

Cuando Dios me puso en el corazón la visión de llevar el evangelio a todas las personas del mundo en términos culturalmente relevantes —términos que ellas pudieran entender—, no tenía ni idea de cómo se desarrollarían los acontecimientos. Surgieron circunstancias que casi hacen descarrilar el proyecto.

Ya he hecho referencia a la recepción que me dispensó la junta directiva de mi denominación. En cierto sentido, aún fue un reto más grande escuchar a mi padre, por quien yo tenía y sigo teniendo un respeto inexpresable, pidiéndome que me mantuviera en el pastorado.

"John, ¡Dios te ha concedido un ministerio muy destacado en el púlpito! —me dijo—. Predicas a miles de personas. ¿Por qué irte ahora a otra área del servicio?".

Ese fue un momento duro.

Pero a menos que usted se vincule con su visión y su plan detallado para alcanzar lo que desea, se convertirá en un esclavo del entorno inmediato y de las situaciones temporales que pueden carecer de importancia a largo plazo. Si constantemente permite que el entorno determine sus actos, se sentirá indefenso.

El famoso comerciante de derivados Ashwani Gujral siempre insiste en leer tres niveles diferentes de las gráficas: los datos mensuales, los datos al final de cada día y los datos por hora. Él insiste en que conocer la tendencia en los niveles más altos evitará que uno inicie una negociación adversa en un nivel inferior, incluso si la gráfica del nivel más bajo parece proponer una oportunidad atractiva.[30]

La toma de decisiones visionarias sigue un patrón muy parecido. Es posible que no siempre pueda identificar una dirección en los sucesos día a día, hora a hora. Pueden intervenir sucesos que lo confundan o distraigan. Algunos pueden hacerle mucho daño; es posible que socaven su confianza precisamente en el momento en que quienes lo rodean necesitan fortaleza y seguridad.

Usted debe presentar las cosas todo lo detalladas y claras que le sea posible, de modo que otros no teman seguirlo a su destino.

Las personas que lo siguen no siempre captan la imagen general. Por consiguiente, usted deberá presentar las cosas todo lo detalladas y claras que le sea posible, de modo que otros no teman seguirlo a su destino. Verá que es perfectamente inspirador y vigorizante decirles cuál es el objetivo, mientras usted ha anotado con detalle los pasos intermedios para llegar a él.

3. Aproveche la ambigüedad cultivando su conciencia

Durante el juicio Ejército-MacCarthy en la década de 1950, Ray Jenkins, abogado de Tennessee, fue convocado a Washington para representar al senador Jospeh McCarthy y a su grupo. Su equidad en el proceso quedó manifiesta por el modo en que lo atacaron los defensores de ambos bandos.

McCarthy no me impresionó. Pero me quedé tan impresionado con Jenkins que en 1956 le telefoneé para preguntarle si podría visitarlo en su despacho de Knoxville. Yo tenía 32 años y quería aprender de él.

Había investigado sobre él y descubrí que se lo consideraba uno de los abogados de mayor éxito en los Estados Unidos durante el segundo tercio del siglo pasado. Durante nuestra conversación, me dijo que su éxito se basaba en tres cosas: primero, en su negativa a aceptar un caso en el que no creyera apasionadamente; segundo, en el hecho de que podía recordar todas las palabras de un testigo; y tercero, en su capacidad de recordar no solo las palabras, sino también el sesgo emocional de cada testigo.

En ese momento, se volvió hacia mí y me dijo:

—Parece usted un poco incrédulo.

Me disculpé, pero tuve que admitir que sus afirmaciones me resultaban difíciles de creer.

—¿Cuestiona mi memoria?

—Bueno, tendrá que admitir que es difícil que una persona haga lo que usted dice que puede hacer.

—Conozco el número de teléfono de todos los abogados del estado de Tennessee —me dijo—. ¿Conoce a algún abogado en Tennessee?

Le dije que sí.

—Muy bien, dígame su nombre.

Le di el nombre de uno de los abogados menos conocidos, que vivía en una ciudad remota a más de 800 kilómetros de distancia.

Me dijo:

—¿Quiere el número de su casa o el de su despacho?

—Es igual, encuéntrelo donde sea.

Sin consultar ninguna lista, aquel hombre marcó el número y contactó con el abogado rural.

Me quedé asombrado.

Pasamos un par de horas hablando. Era uno de los individuos de mayor talento que he conocido jamás. Nada escapaba a su observación.

He conocido a líderes así en otras partes del mundo. Otro hombre que me anonadó con su capacidad para recordar información detallada fue un industrial suizo llamado Jean André de Lausanne. Su agudeza mental y su capacidad rapidísima para recordar lo colocaban a la cabeza de la competencia en las negociaciones.

Un líder influyente siempre es consciente de lo que pasa a su alrededor y de su contexto. Tanto la capacidad para ver venir los problemas como la de actuar rápida y decisivamente dependen de la capacidad de encajar los sucesos actuales sobre el trasfondo de los acumulados en la memoria.

La conciencia puede aprenderse y mejorarse.

Mi madre dio a luz a tres hijos en cuatro años. Era una época anterior a los electrodomésticos. No disponíamos de agua corriente. Mi madre no tenía plancha eléctrica, lavaplatos, lavadora o secadora, ni refrigerador. Ni siquiera disponía de un congelador.

Esta frágil mujer con mala salud trabajó sin cesar y sin lamentarse para cubrir las necesidades de su esposo y de sus tres bebés.

Papá me inculcó la conciencia de mi entorno, algo por lo que aún le doy las gracias muchos años después de su muerte.

Yo era el mayor, y mi padre me llevaba consigo buena parte del día para quitarle cargas a mi madre. Papá me inculcó la conciencia de mi entorno, algo por lo que aún le doy las gracias muchos años después de su muerte. Pasábamos al lado de un cartel en la calle, y él me preguntaba (a mis cuatro años de edad): "John Edmund, ¿qué decía el cartel?".

Cuando volvíamos de una reunión en la iglesia, me preguntaba: "¿De qué color era el sombrero que llevaba la señora sentada en la plataforma? ¿Cuál fue el tercer punto de mi sermón? ¿En qué tipo de automóvil se fue el Sr. Beneway de la iglesia?".

Recuerdo mi frustración frente a este diluvio constante de preguntas. Pero ¡qué deuda tengo con mi padre! Hoy día pocas cosas escapan a mi observación. La disciplina que me inculcó ha aumentado mi conciencia y entrenado mi memoria. Si hoy tuviera nietos, yo haría lo mismo con ellos, porque he aprendido el valor que tiene esta práctica.

Nunca podré enfatizar lo bastante el poder de la buena memoria. La conciencia produce excelencia.

No todo el mundo tendrá la misma experiencia. Sin embargo, el líder puede potenciar su eficacia si se disciplina para recordar sus experiencias recientes. Por ejemplo:

- ¿De qué color era la corbata que llevaba el vicepresidente esta mañana?
- ¿Cuántas sillas había en torno a la mesa de reuniones?
- ¿Qué cuadros tenía en las paredes el director de la compañía?
- ¿Con qué línea aérea iba a volar un socio esta tarde a París?

Nunca podré enfatizar lo bastante el poder de la buena memoria. La conciencia produce excelencia. Esto no solo es cierto de los líderes, sino también de los atletas, los músicos, los oradores, los hombres de negocios, los bailarines y los escritores. Demuestra su valor en todas las áreas de la vida. Para sobresalir, una persona debe comprender qué contribuye a la excelencia y medir constantemente su rendimiento usando semejante estándar.

4. Aproveche la ambigüedad intentando hacer algo tan grande para Dios que esté condenado al fracaso a menos que Dios lo respalde

Durante la búsqueda de la visión que me dio Dios, incurrí no solo en la incomprensión y el antagonismo de algunos de mis amigos, sino también en un elevado costo económico. Perdí mis bienes. Por la gracia de Dios, pude conservar mi casa, pero hice efectivas mis pólizas de seguro. Diezmé mis ahorros; mis ingresos sufrieron un duro revés. De ser el ministro de culto mejor pagado en todo el país, mi sueldo se redujo a mil trescientos cincuenta dólares. Mi hijo inválido suponía un gasto de entre diez y once mil dólares anuales.

No se lo conté a nadie. Desde mi punto de vista, la manera en que Dios nos mantuvo unidos es un milagro. No dejé de tener dudas durante veintidós años. Quienes me conocen podrían decir que administro prudente y cuidadosamente mi dinero. El IRS (Agencia Tributaria, por sus siglas en inglés) examinó mis libros once veces en diecinueve años. Cada vez el resultado era "sin cambios". No podían creer que alguien diera un porcentaje tan alto de sus ingresos como yo a organizaciones benéficas.

Cuando el último de los líderes del IRS se reunió conmigo, me dijo:

—Dr. Haggai, suponga que la situación fuera al revés. ¿Usted qué pensaría?

—¡Pensaría que ustedes creen lo que dice la Biblia tanto como yo! —contesté.

—Mi hijo estudia en el Seminario Presbiteriano para dedicarse al ministerio —me dijo—. Me gustaría que hablase con él.

Solté una risita.

—No es él quien necesita esa charla, sino usted.

Durante 30 años, perdí al menos a tres de los mejores ejecutivos que he conocido en mi vida. Ofrendaron o reunieron miles de dólares para el ministerio. Creían en la visión del Instituto Haggai. Simplemente llegaron a la conclusión de que estaba condenado al fracaso. Uno de ellos me dijo una vez a la cara que deberíamos disolver el ministerio, entregando sus fondos a otra organización cristiana.

Si usted no necesita la ayuda de Dios, es que seguramente le falta ambición.

¿Me sentí desanimado? No, porque al decirme que la tarea era imposible, aquel hombre también afirmó mi visión. Si usted no necesita la ayuda de Dios, es que seguramente le falta ambición.

Si yo hubiera cedido ante la preocupación de otros, si hubiera compartido sus temores, el ministerio no existiría hoy. Millones y millones de personas que han escuchado el evangelio por medio de los laicos y los pastores formados en el Instituto Haggai no lo hubieran escuchado jamás.

No hace mucho tiempo, uno de los financieros más importantes del mundo cursó nuestro seminario en el centro que tenemos en Maui. Tenía cuarenta y ocho años, y había planeado jubilarse a los cincuenta. Dios le habló por medio de aquel seminario, de modo que hoy, a sus cincuenta y tres años, está más activo que nunca. Ha sido una fuerza esencial para construir, en el mundo de habla árabe, un edificio para la iglesia y reunir un personal que serían el orgullo de cualquier organización cristiana de Occidente.

Resumen

El liderazgo visionario es el resultado de la toma de decisiones visionarias. Las decisiones visionarias — tanto las pequeñas como las grandes— son coherentes con la dirección general de su vida, su ministerio y su trabajo.

En la vida de un líder, no debería existir ninguna contradicción, aunque es muy posible que tenga que elegir entre sus prioridades. Sin embargo, siempre existirá la ambigüedad. El liderazgo, que yo defino como *la disciplina de ejercer deliberadamente una influencia especial sobre un grupo para guiarlo hacia objetivos permanentemente beneficiosos que satisfagan sus verdaderas necesidades*, obliga al líder a tomar decisiones aun disponiendo de una información incompleta.

Los líderes influyentes no eluden la ambigüedad; más bien intentan aprovecharla.

Los líderes influyentes no eluden la ambigüedad; más bien intentan aprovecharla. Después de todo, tener una visión significa que usted adopta una postura de fe sobre el futuro. No sabe lo que sucederá; sabe muy claramente a qué cree que ha sido llamado y adopta la responsabilidad por las decisiones visionarias que lo conduzcan hacia su último objetivo.

La ambigüedad nunca desaparece, solo cambia de forma. Como líder influyente, usted se encuentra entre esa ambigüedad y las personas a las que dirige. Mediante la previsión, manteniéndose centrado en su destino y cultivando la conciencia, usted puede tomar decisiones visionarias que le ayuden a aprovechar la ambigüedad.

Muchas autoridades sobre la administración le dirán que reduzca la ambigüedad y aumente la certidumbre. En realidad, lo que tiene que hacer es lo contrario. La ambigüedad debe estar en el centro del cambio, así como en el meollo de su visión. Si usted toma la decisión visionaria de "hacer algo tan grande para Dios que esté condenado al fracaso a menos que Dios lo respalde", está aceptando la ambigüedad igual que un velero acepta el viento.

El mundo jamás ha estado tan necesitado como ahora de líderes influyentes. Sin ninguna duda, usted tiene el potencial para convertirse en uno de ellos. El hecho de que haya leído este libro me convence de esta verdad. Puede cerrar el libro y dejarlo en su biblioteca o puede comenzar un viaje de liderazgo que transforme su vida.

En cualquiera de los dos casos, se trata de una decisión visionaria.

NOTAS

1. W. C. H. Prentice, "Understanding Leadership", *Harvard Business Review*, n.º 61511 (septiembre-octubre 1961), citado en *Paths Toward Personal Progress: Leaders Are Made, Not Born* (Boston: Harvard Business Review, 1980), p. 1.
2. *Harvard Business Review* (septiembre-octubre 1961) reimpreso como el artículo central de la colección *Paths Toward Personal Progress: Leaders Are Made, Not Born* (Boston: Harvard Business Review, 1982).
3. Citado en Stephen B. Oates, *Let the Trumpet Sound: The Life of Martin Luther King Jr.* (Nueva York: Harper and Row, 1982), pp. 260-261.
4. Harvard International Monitoring Group (HMAG), *Lee Kuan Yew* (HMAG Profile n.º 2), p. 1.
5. Véase Michael Rozek, "Mr. Write", en *Success Magazine* (marzo de 1984).
6. *Ibíd.*
7. Peter J. Daniels, *How to Be Happy Though Rich* (Unley Park, South Australia: The House of Taylor, 1984), pp. 113-123.
8. Ari Kiev, *A Strategy for Daily Living* (Nueva York: Free Press, 1973), pp. 2-3, 30.
9. O. Carl Simonton, Stephanie Matthew-Simonton y James L. Creighton, *Getting Well Again* [*Recuperar la salud*] (Nueva York: Bantam Books, 1978), pp. 97, 173-184. Publicado en español por Los Libros del Comienzo.

10. Harold Geneen, *Managing* [*Alta dirección*] (Garden City, Nueva York: Doubleday, 1984), reimpreso en *Best of Business*, vol. 6, p. 6. Publicado en español por Ediciones Grijalbo.
11. William Funk y Norman Lewis, *Thirty Days to a More Powerful Vocabulary*, ed. rev. de Norman Lewis (Garden City, Nueva York: Doubleday, 1984).
12. Geneen, *Managing* [*Alta dirección*], p. 14.
13. Denis Waitley, *Seeds of Greatness* (Old Tappan, Nueva Jersey: Fleming H. Revell, 1983), pp. 27-28.
14. Ted W. Engstrom con Robert C. Larson, *The Fine Art of Friendship* (Nashville: Thomas Nelson Publishers, 1985).
15. Erich Fromm, *The Art of Loving* [*El arte de amar*] (Nueva York: Bantam Books, 1956), pp. 90-92. Publicado en español por Ediciones Paidós Ibérica.
16. Richard Foster, *Celebration of Discipline* [*Celebración de la disciplina*] (San Francisco: Harper and Row, 1978), p. 5. Publicado en español por Editorial Peniel.
17. Proverbios 16:32.
18. Como lo plasma Les Giblin, *How to Have Confidence and Power in Dealing with People* (Englewood Cliffs, Nueva Jersey: Prentice-Hall, 1956). Véase Alvin C. Busse y Richard C. Borden, *How to Win an Argument* (1926, reimp., Whitefish, MT: Kessinger Publishing, 2003).
19. Herschel H. Hobbs, *Who Is This?* (Nashville: Broadman Press, 1952), p. 53.
20. Andrew Tanzer, "The Amazing Mr. Kuok", *Forbes* (28 de julio de 1997), p. 91.
21. Thomas J. Peters y Robert H. Waterman h., *In Search of Excellence* [*En busca de la excelencia*] (San Francisco: Harper and Row, 1982), pp. 164-165. Publicado en español por Editorial Atlántida.
22. Kenneth H. Cooper, *The Aerobics Program for Total Well Being* (Nueva York: M. Evans and Company, 1982).
23. Nathan Pritikin con Patrick M. McGrady h., *The Pritikin Program for Diet and Exercise* (Nueva York: Bantam Books, 1980), p. xx.

24. Marie Beynon Rae, *How Never to Be Tired* (Nueva York: Bobbs-Merrill Company, 1954).
25. William Golding, *Lord of the Flies* [*El señor de las moscas*] (Nueva York: Capricorn Books, 1954), p. 19. Publicado en español por Editorial Alianza.
26. Ida Tarbell, *The History of the Standard Oil Company* (Gloucester, MA: Peter Smith Publisher, 1963), pp. 105-106.
27. Michael Korda, *Power: How to Get It, How to Use It* (Nueva York: Ballantine Books, 1975), p. 219.
28. *Ibíd.*, pp. 209-210.
29. Véase en línea http://www.edgp.com/positive_change.html. Recurso en inglés.
30. Ashwani Gujral, *How to Make Money Trading Derivatives* (Nueva Delhi: Vision Books, 2005), cap. 4.

BIBLIOGRAFÍA RECOMENDADA

A través de los años he adquirido mucho discernimiento de académicos y expositores. Pero me he sentido más atraído por aquellos líderes que personalmente han creado grandes instituciones a nivel empresarial y han entendido el tema del liderazgo desde adentro. Por esa razón, un puñado de escritores merece especial atención.

Rich DeVos ha sido pionero con su estilo de liderazgo muy innovativo y altamente exitoso. Él permanece, según mi opinión, como uno de los más grandes practicantes de los negocios en Estados Unidos.

Anthony D'Souza posee una de las mentes más sagaces en el mundo de los negocios. Es jesuita, y ha fundado dos institutos gerenciales de primer nivel y sigue siendo la cabeza principal del Instituto Gerencial Xavier en Bombay, India.

James MacGregor Burns, ganador del premio Pulitzer y profesor (emérito) de Ciencias Políticas Woodrow Wilson en la Universidad Williams, ha servido como presidente de dos grandes centros de investigación y ha escrito el original libro *Transforming Leadership* [Transformando a líderes].

John Maxwell ha sido pastor así como expositor y escritor. Aunque no es pionero, sus libros muy populares sobre liderazgo revelan una habilidad maestra al codificar y presentar los elementos de un buen liderazgo.

Finalmente, *Michael Youssef,* autor del influyente libro *Liderazgo al estilo de Jesús,* inició su iglesia en Atlanta con menos de cuarenta adultos. Ahora asisten miles de personas. Su iglesia de los Apóstoles ha construido un edificio de $70 millones de dólares libre de deudas. Eso demuestra un liderazgo extraordinario.

Bennis, Warren, y Burt Nanus. *Líderes: estrategias para un liderazgo eficaz*. Barcelona: Paidós, 2001.

Briner, Boy y Ray Pritchard. *Jesús el líder modelo*, Tomo I y II. El Paso, Texas: Editorial Mundo Hispano, 1997.

DeVos, Rich. *Capitalismo solidario: gente ayudando a gente a ayudarse a sí misma*. Mexico: Lasser Press Mexicana, 1994.

Drucker, Peter F. *El ejecutivo eficaz en acción: un diario para organizarse bien*. Barcelona: Ediciones Deusto, 2007.

D'Souza, Anthony. *Cómo ser un líder*. Barcelona: Editorial CLIE, 1985.

Edersheim, Alfred. *La vida y los tiempos de Jesús el Mesías*. Barcelona: Editorial CLIE, 1988-1989.

Engstrom, Ted W. *Un líder no nace, se hace*. Puerto Rico: Editorial Betania, 1980.

Haggai, John Edmund. *Vence tus preocupaciones*. Grand Rapids: Editorial Portavoz, 2010.

Hybels, Bill. *Liderazgo audaz*. Miami: Editorial Vida, 2002.

Loritts, Crawford W. *Liderazgo perdurable*. Grand Rapids: Editorial Portavoz, 2011.

Lutzer, Erwin. *De pastor a pastor*. Grand Rapids: Editorial Portavoz, 1999.

MacArthur, John. *El ministerio pastoral*. Barcelona: Editorial CLIE, 2005.

Maxwell, John. *Las 21 leyes irrefutables del liderazgo*. Nashville, Tenn: Grupo Nelson, 2007.

Nuñez, Emilio Antonio. *Desafíos pastorales*. Grand Rapids: Editorial Portavoz, 1999.

Rice, Howard. *El pastor como guía espiritual*. Grand Rapids: Editorial Portavoz, 2001.

Robinson, Haddon. *Tomemos decisiones según el libro*. Grand Rapids: Editorial Portavoz, 2001.

Sanders, Oswald J. *Liderazgo espiritual*. Grand Rapids: Editorial Portavoz, 1995.

_____. *Madurez espiritual*. Grand Rapids: Editorial Portavoz, 2007.

_____. *Sea un líder*. Grand Rapids: Editorial Portavoz, 2002.

Youssef, Michael. *Liderazgo al estilo de Jesús*. Barcelona: Editorial CLIE, 2004.

ACERCA DEL AUTOR

John Edmund Haggai se ha pasado la vida estudiando y enseñando sobre el liderazgo.

Durante 65 años de servicio público, ha pastoreado cuatro iglesias, ha realizado campañas evangelísticas por todo el mundo y ha organizado un programa de formación avanzado para líderes con más de 75.000 alumnos repartidos por 182 países. Siendo como es un verdadero estadista cristiano, ha viajado por seis continentes, ha dado la vuelta al mundo 103 veces y ha conocido a numerosos jefes de Estado.

Nació en Louisville, Kentucky, hijo de un inmigrante sirio y una natural de Nueva Inglaterra, cuyos antepasados británicos se asentaron en los Estados Unidos cerca del año 1600. Alumno del Instituto Bíblico Moody y de la Universidad Furman, Haggai fue nombrado "alumno del año" por Moody y ha recibido doctorados *honoris causa* en ambos lados del Pacífico.

Entre su público, se han contado desde parlamentarios británicos hasta líderes de la República Popular China, la Convención Internacional Kiwanis, la Asociación de Medicina de Texas, inversores internacionales de Wall Street, licenciados de la Universidad de Yale, una congregación anglicana en Singapur y un simposio organizado por los líderes de las diez religiones mayoritarias de la India.

Bajo su liderazgo, se han fundado iglesias, y en 1954-55 su iglesia bautista registró más conversiones y adiciones mediante el bautismo que cualquier otra iglesia en las 11 principales denominaciones evangélicas en los Estados Unidos. Más de 400 invitaciones en un período de 18 meses atestiguaron el llamado de Dios a las campañas evangelísticas a tiempo completo.

Durante su primer viaje a Asia en los años sesenta, el Dr. Haggai se apercibió que los cambios en la geopolítica mundial —provocados por el final del colonialismo— exigían nuevas estrategias para el evangelismo mundial. Era evidente la necesidad de movilizar a los ciudadanos locales para que alcanzasen a sus compatriotas. Después de mucha investigación, oración y desarrollo, en 1969 se realizó el primer seminario sobre liderazgo avanzado.

A pesar de las tremendas exigencias de su familia (su hijo padecía parálisis cerebral), el Dr. Haggai ha creado un ministerio internacional único y ha escrito numerosos libros influyentes. Su primer libro, *Vence tus preocupaciones*, ha vendido millones de ejemplares en 19 idiomas.

John Edmund Haggai y su esposa Christine viven en Atlanta, Georgia; su influencia llega a millones de personas de todo el mundo.

Para más información sobre el Dr. Haggai o el Instituto Haggai, visite http://www.haggai-institute.com [recurso en inglés].

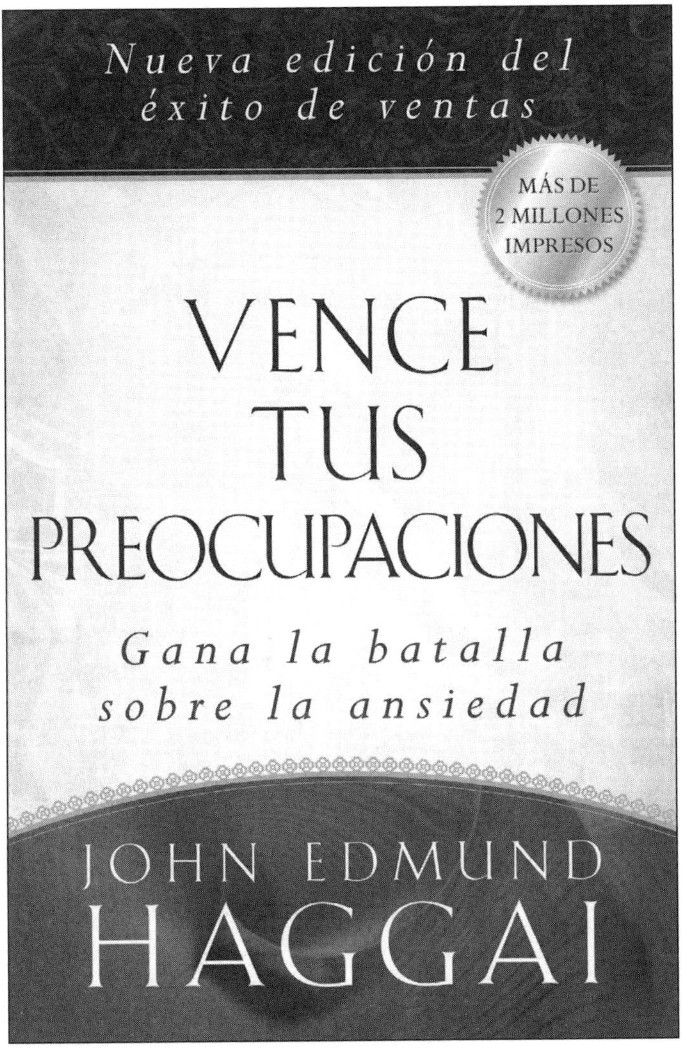

Este libro clásico y éxito de ventas (más de 2 millones impresos en varios idiomas) ha sido revisado y actualizado para los retos singulares que enfrentan los lectores de hoy en día. El mensaje convincente del Dr. Haggai sobre cómo controlar las preocupaciones llegará a una nueva generación de lectores con verdades bíblicas que pueden liberarlos, al mostrárles cómo aumentar la seguridad financiera, superar el sufrimiento paralizante de la culpabilidad, mantener la serenidad en medio de la angustia y mucho más.

EDITORIAL
PORTAVOZ

NUESTRA VISIÓN

Maximizar el efecto de recursos cristianos de calidad que transforman vidas.

NUESTRA MISIÓN

Desarrollar y distribuir productos de calidad —con integridad y excelencia—, desde una perspectiva bíblica y confiable, que animen a las personas a conocer y servir a Jesucristo.

NUESTROS VALORES

Nuestros valores se encuentran fundamentados en la Biblia, fuente de toda verdad para hoy y para siempre. Nosotros ponemos en práctica estas verdades bíblicas como fundamento para las decisiones, normas y productos de nuestra compañía.

Valoramos la excelencia y la calidad
Valoramos la integridad y la confianza
Valoramos el mérito y la dignidad de los individuos y las relaciones
Valoramos el servicio
Valoramos la administración de los recursos